疯狂礼物

CRAZY GIFTS

[法] 吕塔尔 · 阿列斯　安妮 · 克罗克 著
王 哲 译

中国摄影出版社
China Photographic Publishing House

爱人的生日、孩子的圣诞节、家庭纪念日、去邻里做客、节庆日……大大小小的场合都需要送礼，但我们总是为挑选合适的礼物发愁。可见，挑选物美价廉的礼物非常重要。现在科技越来越发达，你不需要到很繁华的都市，花很多钱并动用所有的脑细胞去挑选一份礼物了，现在只需一台电脑，点几下鼠标，在千里之外就能简单轻松地完成这个过程。可你还是要知道去哪里搜索，搜索什么礼物，在林林总总的网站和琳琅满目的商品中挑选出最完美的那一件，还真不是件容易的事儿。

为帮助大家找到称心如意的礼物并且免去奔波之苦，本书所提到的礼物都可以从美国和英国的网上商店直接购买。当然也建议参考其他网站的价格，货比三家，最后找到最适合自己的礼物。希望本书可以成为你选择礼物的一本工具书，帮助你快速找寻到符合自己预算、受对方喜爱并且适合馈赠场合的礼物。

1

厨房餐饮

厨房艺术
厨房乐趣
鸡尾酒
美食的乐趣
厨房用具

2

健康礼物

美体护理
美肤礼物
运动休闲
放松调养
情趣用品

3

时尚精品

包袋礼物
珠宝首饰
衣着服饰
鞋
饰品配件

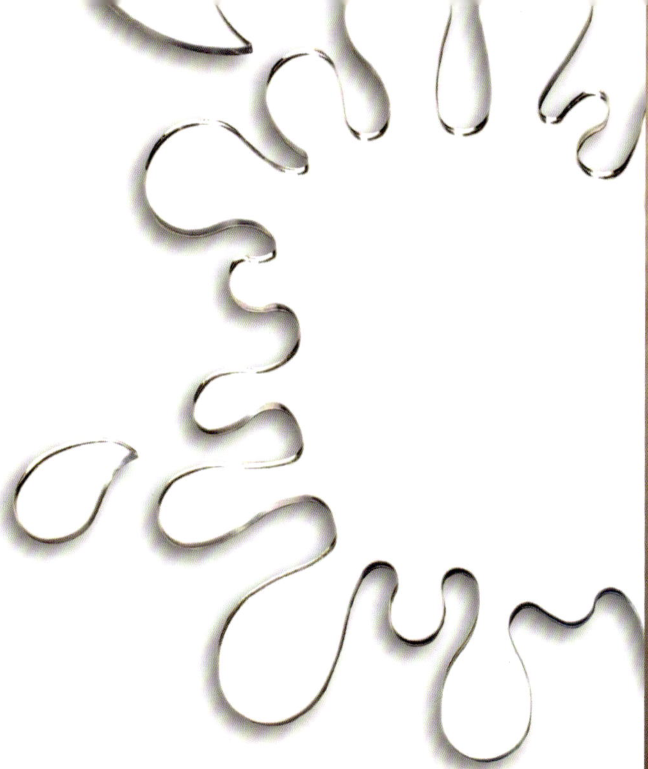

4

游戏玩具

益智游戏
创意玩具
户外玩具
宠物玩具
体育运动

5

小玩意儿

学生文具
办公用具
休闲娱乐
创意配件
旅游出行

6

数码产品

视频工具
音频工具
电脑
多媒体产品
电子设备

7

家居用品

客厅用品
卧室用品
休息室用品
盥洗室用品
卫生间用品

厨房餐饮

1

刀具收纳架

www.amazon.com　www.amazon.co.uk

这是一款手工制作的刀具收纳架，可以装5把刀，每把刀下面都有独立的保护封套。上面的木板是可旋转的，还绑了一个玩“蒙眼飞刀”游戏时用的道具小人儿，既有趣好玩又实用卫生。它会时刻提醒你用过刀具之后一定要收好，不要放到菜板上，尤其不要让小孩子够到。

餐具墙

www.thout.ca www.designpublic.com

放飞你潜意识里想把刀叉都嗖嗖扔向墙面的那些神经质的冲动吧，这面长满“嘴巴”的餐具收纳墙就是为你的这一想法设计的。你不必再规规矩矩地将刀、叉、勺子放进厨房的抽屉里了，随手往这面带有磁性的墙上一扔，好玩又刺激。而且它还很具有美观性哦！

重量型聚会食物拾取套装

www.perpetualkid.com　www.find-me-a-gift.co.uk

在聚会上看着一个大男人拿一只个细细小小的木制牙签想拿东西拿不到，只能追着碗里的橄榄跑真的有碍瞻观。这款聚会食物拾取套装就能救他于苦难，那就是7厘米长的钉子牙签。这些牙签接触食物的部位是木制的，让他一边猜这牙签到底是什么做成的一边就很方便地取到了自己想要的食物。

“巨无霸”瑞士军刀

这款“巨无霸”瑞士军刀总共包含87种工具、141项用途，堪称是名符其实的小型五金商店。指南针、放大镜、雪茄剪、易拉罐开瓶器、指甲刀、剪刀、小钻子、修剪树枝的剪子、老虎钳、螺丝起子和各式各样各种用途的刀片。这把“巨无霸”军刀是由传统瑞士军刀品牌——威戈设计制造的。

14

足球碗

www.alexgarnett.com

我能踢一脚吗？不，不可以—— 这款产品外表是足球形状，但实际是只陶瓷质地的碗。这件礼物送给热衷体育或美食的人都很合适，或者送给一位情绪低落的朋友逗他开心。还有篮球形状的碗出售，说不定以后还会有板球形状的、网球形状的等等。

给孩子的可爱人脸餐盘

www.perpetualkid.com www.gadgets.co.uk

小孩子都喜欢把吃的东西当玩具，与其板起脸来管教他们，还不如按其特点引导他们做出些有意思的事情。土豆泥可以当作盘子里人物的头发，黄豆可以摆成眉毛形状，肉汁刚好可以当做浓浓的胡子茬——大画家毕加索看到也会感到欣慰的。谁知道呢，这么好玩的人脸餐盘可能还会让小淘气们把平时碰都不碰的西兰花也给吃了呢！

吸管接接乐

www.thinkgeek.com　　www.firebox.com

有了它，杯子里的饮料要在吸管里流好一阵才能到你的嘴里，当然这也是本产品最大的乐趣所在。它总共包含16根透明的吸管，20个灵活自如的橡胶连接管，你可以天马行空地组装成任意形状，开发大脑中那片创意的海洋。或者在和朋友聊天想不出什么新鲜的话题时，拿出来玩玩也不错。

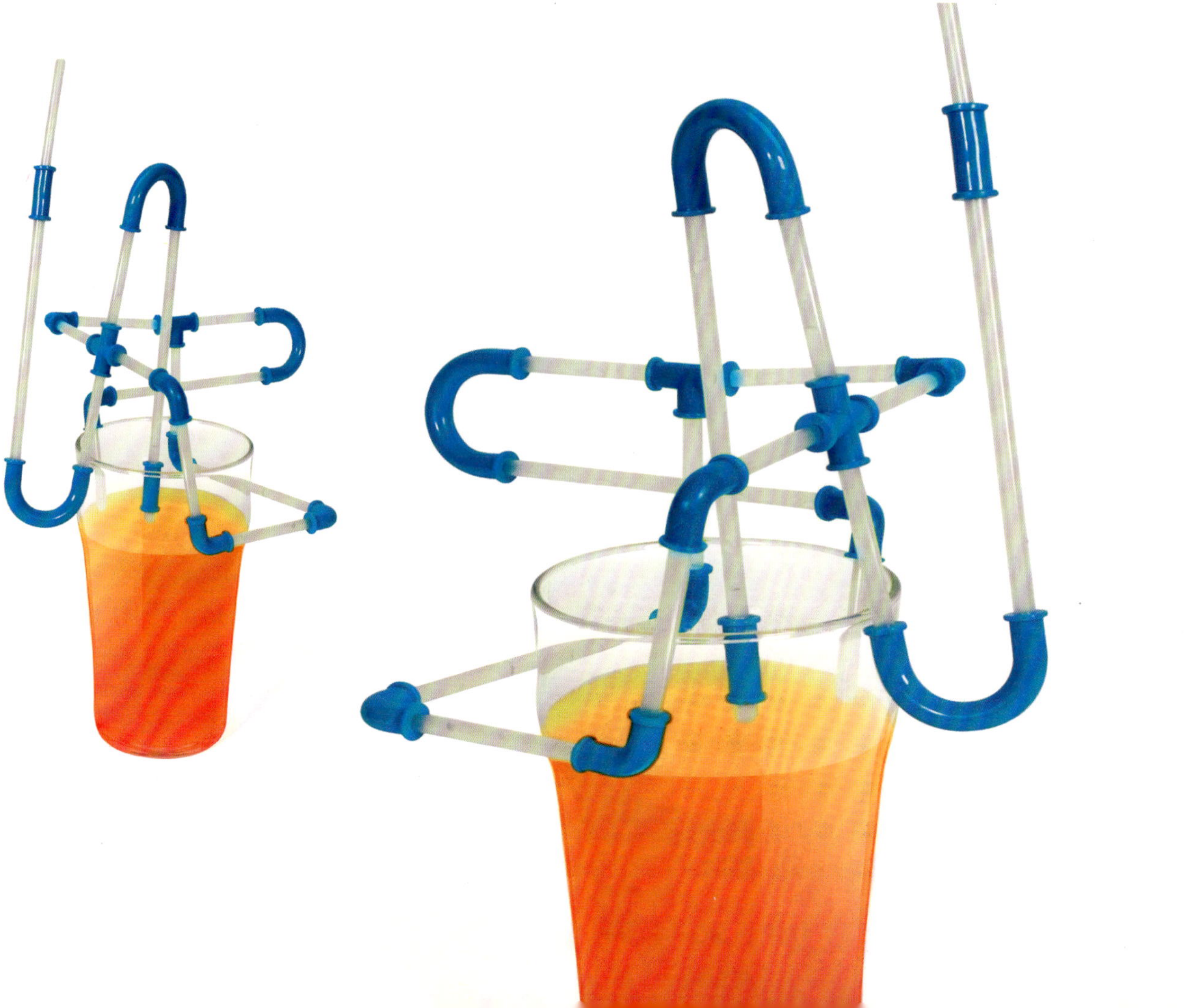

现代建筑图案的餐垫

www.modern-twist.com　www.designpublic.com

如果你家小宝贝对吃饭提不起兴趣，那就培养他对餐桌的兴趣吧。印有现代建筑图案的餐垫可以让孩子们用水彩笔随心所欲地涂涂画画，之后一擦就干净了，连孩子们掉在上面的饭菜痕迹也能擦干净哦。从此你会发现自己再也不用满屋子喊“开饭啦”。

流行创意烤面包机

www.popparttoasterstore.com　　www.amazon.com

跟普通的烤面包机不一样，这款创意烤面包机给你的面包附上鲜明的性格和独特的设计。每台烤面包机附有4种模板图案，备选图案包括心形、花朵、笑脸、雪花和小鸡图案。你还可以在面包上写下一份甜蜜的情书送给心爱的人。

会自动加热的婴儿奶瓶

www.iiamo.com

这款可以自动加热的婴儿奶瓶是由知名设计师卡里姆·拉希德设计的，是实用性和美观性相结合的成功典范，采用独创摇摆触碰技术，5分钟之内就能把牛奶加热，省时省电，绝对环保。而且产品绝不包含任何有毒材料，安全放心。该创意已经荣获两项大奖。

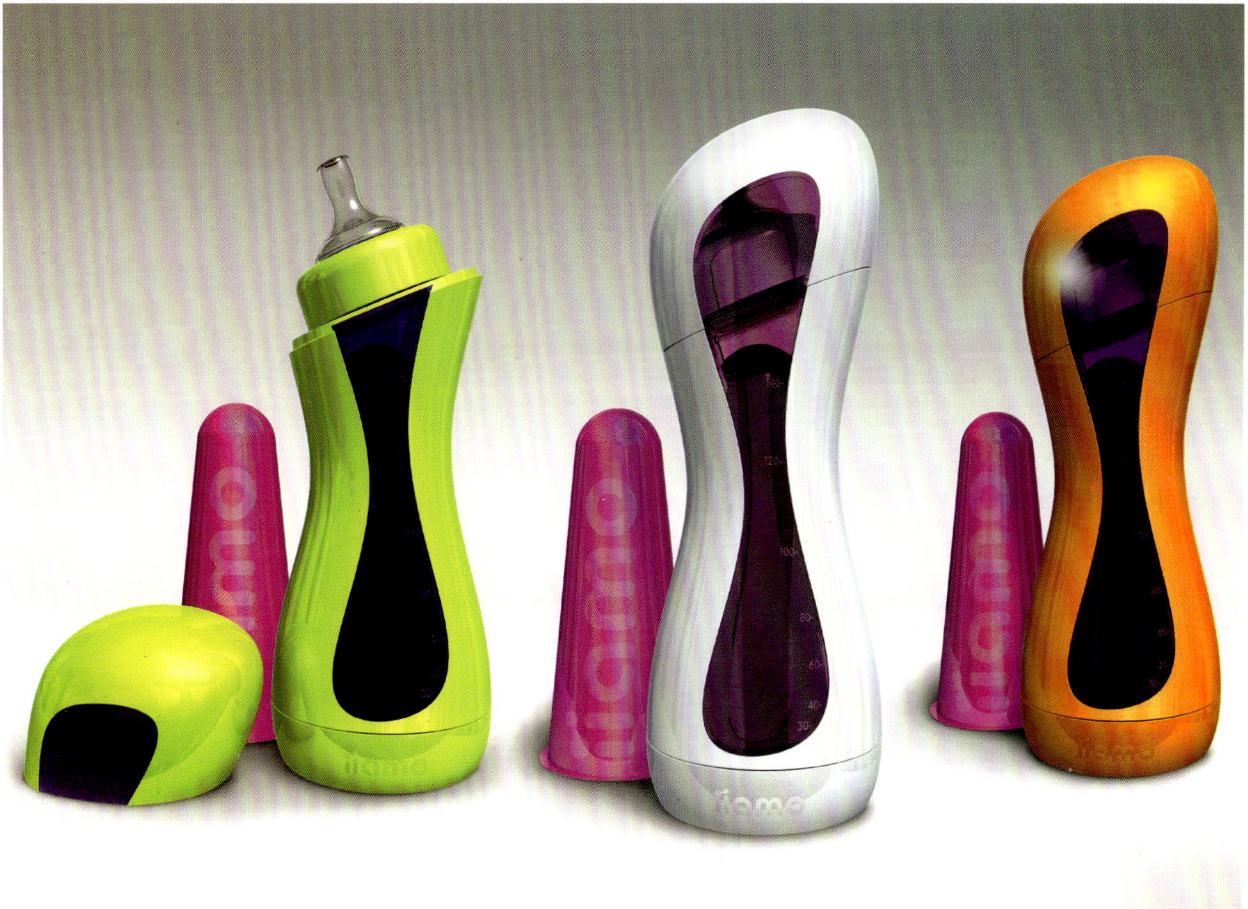

20

“全球变暖”马克杯

厨房餐饮　www.uncommongoods.com　www.firebox.com

给我来一杯“世界末日”，谢谢。别不相信，这款马克杯就是模拟了全球变暖、海平线升高30米后世界被淹没在海水里的末日景象。装满一杯滚烫的热饮，之后你会看见海岸线慢慢消失在海水中。再见了佛罗里达州！再见了孟加拉国！当然，随着杯子里水温的不断下降，我们熟知并热爱的地球也会恢复成原样。

ON-OFF感温渐变杯

www.amazon.com www.iwantoneofthose.com

早上起床，拖着还没完全睡醒的身体在厨房摸索咖啡杯，拿起急需的咖啡，沾到嘴唇却发现咖啡是凉的。没有什么比这更扫人兴的了！现在这款智能马克杯可以成为你的福星。如果杯子里装的是热咖啡或者热茶，那杯子外表就会逐渐显示出“on”（开）的字样，随着温度的降低，就会逐渐呈现“off”（关）的字样。记住，白色杯身代表装的是热饮，黑色杯身代表杯里的液体是凉的。

斯坦杯托

www.thinkgeek.com　　www.gadgets.co.uk

我们喜爱的斯坦在年少的时候就离我们远去，被做成了杯托，虽然杯托很好很实用，但我们也不能忘记斯坦的离开。他可怜的小肚子紧紧地怀抱着你的马克杯，让它安全地屹立在办公桌上，当然这也是斯坦想要完成的心愿。

手指扣马克杯

www.perpetualkid.com　www.amazon.co.uk

是我的自我感觉还是办公室里人们对我越来越尊敬了？手指扣是最能让别人肃然起敬的神器了，就是别想入非非了。记住，这只是个马克杯，顶多让你早上喝咖啡的时候感觉到更有劲一点。

24

烧烤印字烙铁

厨房餐饮　www.amazon.com　www.firebox.com

如果你有什么要表达的，为什么不换种有趣的方式——在食物上印下你想说的话。这款烧烤印字烙铁让你的烧烤食物变得个性化，富有情趣。在汉堡上印下爱的心语，在牛排上印下你的大名，总共80个字母随意排列，只要在火上加热以后就能使用，绝对能满足你的表达欲望。

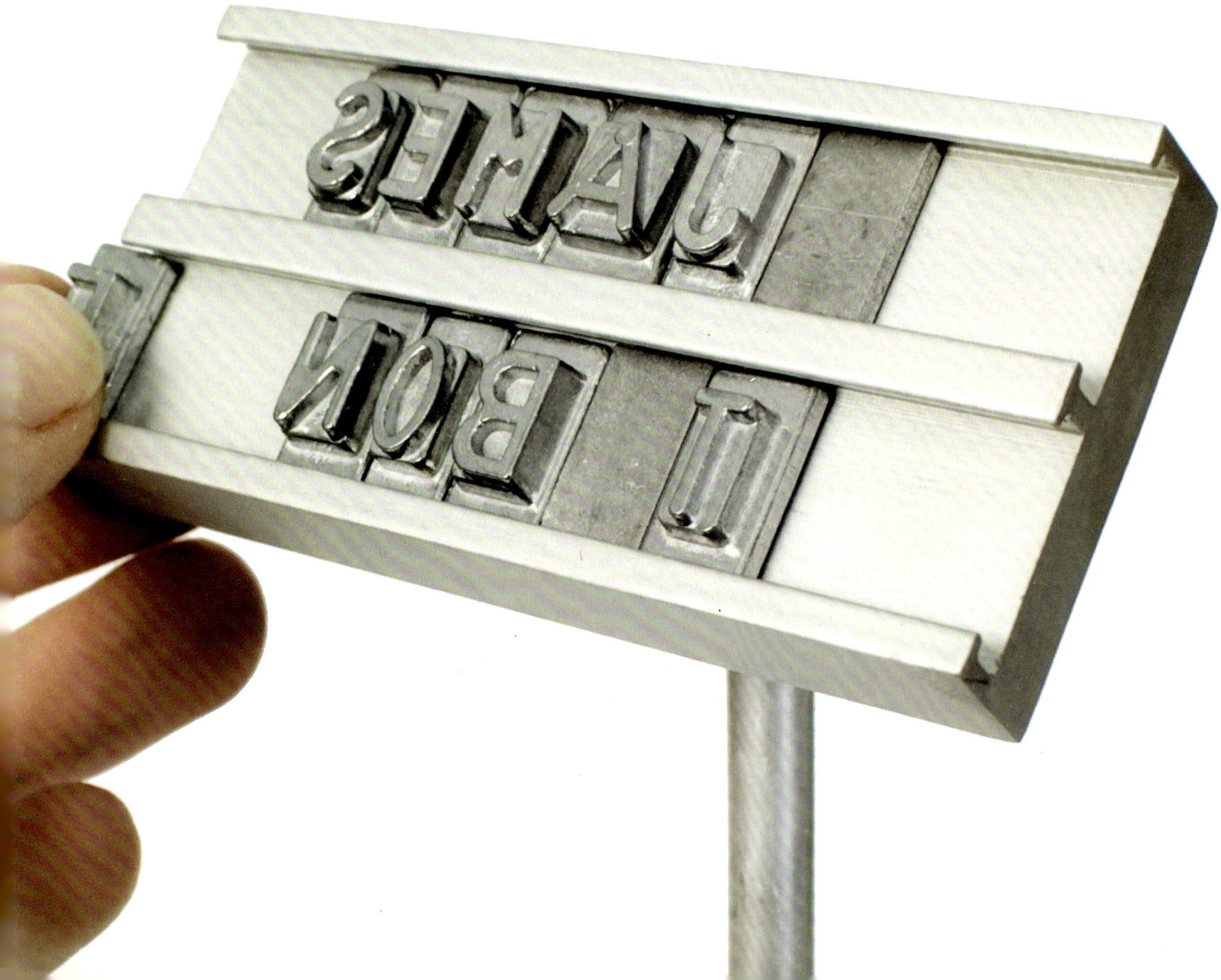

教父版意面测量器

www.david-louis.com

这款教父版意面测量器可能看起来像是法院展出的证物，但实际上它会是你厨房新品中最好用的一个。它是一款双语（意大利语和英语）的意面测量器，手指环的地方印着从儿童量到3人量的标示，代表煮多少意面的量可以满足需求。为了营造意大利电影《教父》的效果，用意大利语说出这几个词吧，不过可能你得在嘴里塞点棉花球才行。

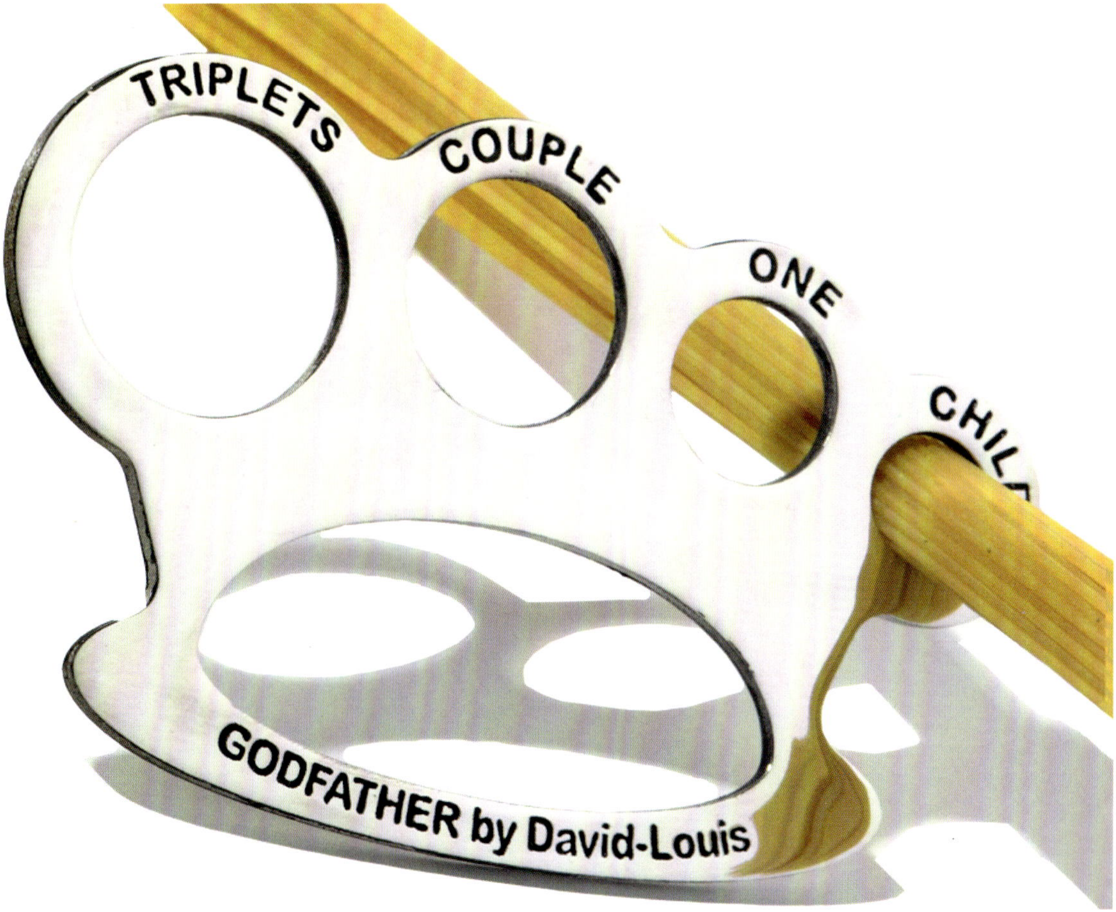

昆虫糖果

www.hotlix.com　www.edible.com

“亲爱的，看，有冷盘吃。 嗯，脆脆的，甚至能尝到类似土壤的味道，这是什么东西？” “是毛毛虫。” 好吧，如果你要是下次举办宴会时给客人供应昆虫糖果一定要提前告知，让他们不反感的最好方法就是告诉他们这里面全是蛋白质。 有多种昆虫可供选择：蟋蟀、草蜢、蚂蚁、蝎子和毛毛虫。

绝对不会被偷的午餐袋

www.thinkofthe.com　www.perpetualkid.com

21世纪学校和公司食堂里最让人痛苦的事莫过于别人嫉妒你午餐三明治的眼神，你可以感觉到那些眼神死死地盯着你的三明治，在意识里就能把你精心制作的美味三明治狼吞虎咽地消灭掉。怎么办？该给你的三明治套上这个长着“霉菌”的袋子。当然“霉菌”是假的，不过这可是个绝妙的主意，从此你就算不关饭盒也不用担心啦！

可吸入式巧克力

www.lewhif.com

谁能完全抵抗住香滑醇厚的巧克力的诱惑呢？就算是意志力最坚定的人也有过败给这种诱惑的时候。但巧克力真的是对体重的极大挑战，现在有了大卫·艾德华发明的这款Le Whif可吸入式巧克力，轻松解决了人们的后顾之忧。只要一吸，有机的巧克力粉末立即能满足你对巧克力的渴望，但又不会使你发胖。

“名人茶话会”茶包

www.donkey-products.com　www.pedlars.co.uk

你有没有梦想过和英国女王一起喝茶？我肯定她一直也想约你，但是她太忙了，日程安排得非常满，你懂的。那美国总统呢？或者德国总理？他们都没有邀请你吗？没关系的，这些“名人茶话会”专用茶包可以让你想跟谁一起喝茶就跟谁一起喝茶，从足球明星到性感舞娘，从英国皇室到摇滚巨星，从猫王到卓别林，应有尽有。

艾娃独奏茶壶

艾娃独奏茶壶能获得“2005年德国红点设计大赛最佳国际设计奖”的原因很简单，那就是这款茶壶是美丽外观和高科技的完美结合。为了降低茶叶中丹宁酸含量，壶内附有金属罩，将水与茶叶隔离开来。如果想喝浓一点儿的茶，还可以下压瓶口的活塞，让茶味更浓一些。茶壶外面有一层氯丁橡胶制成的保温衣，时刻保持茶水温度。

恐怖分子茶壶

www.gnr8.biz www.suck.uk.com

这是一只不满足于现有的茶壶结构的“异己”茶壶，但是这个戴着面罩只露眼睛的“恐怖分子”肚子里的容量却很大，泡出的茶水也很好喝，一次性倒五六杯没有问题。下午茶时间从此也变得有趣了。

32

锁链型酒瓶固定器

www.amazon.com　www.iwantoneofthose.com

它和普通锁链看起来无异，但当你把它缠绕在任何酒瓶上面，不管是空的还是满的，它都能神奇般地固定住酒瓶不动。更神奇的是，酒瓶好像在慢慢升起。对，你没看错也不是喝多了眼花，真是地心引力让它做到的。要搞懂这一原理，不妨请位教科学的老师来家里指教吧。

真正的“牛奶”杯

www.perpetualkid.com　www.amazon.co.uk

牛奶是从哪来的？超市。是的，超市之前呢？不知道了？这只杯子每天在你的餐桌上出现，就是为了时刻提醒你，你每天往麦片碗里倒的白色液体的最初来源是哪里。初看上去，这只杯子没什么特别，但当你倒入牛奶的时候，奶牛的乳房就会呈现出来。孩子们会很喜欢它。

巧克力蛋糕平底锅

www.bakersedge.com　　www.firebox.com

别小看科技在研究怎么做出更好吃的巧克力蛋糕上的进展。想知道怎样才能做出外表略带酥脆、内芯软滑香甜的巧克力蛋糕？这款Z型烘焙模板让这不再是一件难事，它巧妙地把烘烤时的热量分散，使巧克力饼外焦里嫩。干得漂亮，研究巧克力蛋糕的研究员们。

枪型鸡蛋模具

www.amazon.com　www.gidgit.co.uk

早餐有时候真的太平淡无奇了，每天都是一样的情景：孩子们打打闹闹，火上的燕麦粥咕咕嘟嘟，还有荷包蛋，它们长得太像鸡蛋了，一点儿意思都没有。为什么煎蛋不能变点儿花样呢？这款手枪型鸡蛋模具就是你想要的。快，像手枪发出的子弹一样精神抖擞地飞出家门开始每一天吧。

健康礼物

2

咖啡因香皂

www.thinkgeek.com

这是第一款含有咖啡因的肥皂，对人体健康完全无伤害，用后效果和喝两杯黑咖啡的效果一样。用它清洗身体，每一次都等于喝了200毫克的咖啡，由于皮肤本身具有渗透性，咖啡因进入身体从而使人感觉精神鼓舞，生机勃勃。切记不能加入牛奶、糖，更不能放进嘴里。

啤酒香皂

www.thebeersoapcompany.com　www.etsy.com

啤酒香皂并不是骗人的幌子，而是原材料真的大部分取自啤酒。它最大的益处是可以对人体皮肤、头发和指甲都有滋润功效，而且还可以对湿疹和青春痘起到缓解作用。至于走出浴室时身上会不会有酒的味道残留，这个问题你一点儿都不用担心，这款香皂不会在人体留下任何味道。有多种香型可供选择：吉尼斯黑啤酒、喜力和科罗娜。

手枪型发梳

www.25togo.com www.pa-design.com

你是口袋里有把枪还是你见到我太高兴了？都不是，这其实是一把梳子。男孩们绅士地从上衣口袋拿出梳子，给女孩梳浓密秀发就能赢取女孩芳心的年代早过了。现在是21世纪，你需要拿出些与众不同的东西，这就是手枪型发梳能为你提供的。

XBOX游戏手柄香皂

www.thinkgeek.com　www.etsy.com

没有哪位热衷游戏的玩家愿意和挚爱的游戏手柄分开，哪怕只是洗个澡的时间也会是种折磨，离开电脑屏幕前的伙伴们简直就是受罪。怎么办？原景重现！准确地说，就是在浴室放一块XBOX游戏手柄造型的香皂。从此让迷恋游戏的小孩洗澡就不是什么难事啦。

42

格里希特水浴温泉粉

健康礼物

www.gelicity.com

富含香柠檬、茉莉花和薰衣草的精华，格里希特水浴温泉粉遇水就会变成厚重的奶油色凝胶香皂，使普通的沐浴变成天堂般的享受，让你在自家的浴室里就能拥有奢华的温泉体验。对于粗糙的皮肤有深层清洁的功效。

鱼子酱面霜

鱼子酱一直以来都是美食界的奢侈品，现在它又成为了护肤保养界的新宠。鱼子酱面霜为肌肤注入必要的脂肪酸、维他命A、维他命B、维他命AD和多种其他微量元素，对皮肤有滋润、软化和收紧效果，并能够促进细胞再生。此款面霜早晚都适用。

44

独家香水设计套装

www.presentsandgiftideas.com　www.firebox.com

现在所有的大牌明星们都在创建自己的香水品牌，为什么普通人不可以呢？这款香水设计套装让你现在就加入明星的行列。每套包含6瓶基础香水，每瓶都经过细心严格的挑选，确保它们可以和其他香水相互调和，之后你就可以用这6瓶基础香水来创造出你自己独一无二的香水来了。

历史的气味

www.scentsoftime.co.uk

没有什么能比气味更能唤起人们对于时间和地点的记忆了，之后就是对于当时人和事的回忆。但你知道历史的气味吗？埃及艳后时期、玛雅文明时期和图坦卡蒙时期的香水都是什么味道的？大卫·皮布斯通过混合各种有史可寻的古老气味调制出一款香水，散发出远古文明的味道。

怀胎十月纪念装

www.babyart.be　　www.amazon.co.uk

准妈妈们总感觉怀孕的日子无休无止，但其实它结束得很快。这件怀胎十月纪念装为你留下这特殊日子的永久纪念。每套包含9捆经过石膏浸泡的绷带，把他们贴在准妈妈们的肚子上拓下模型，留下永久的纪念，非常简单且无毒无害。一旦做成，还可以在石膏上写写画画。

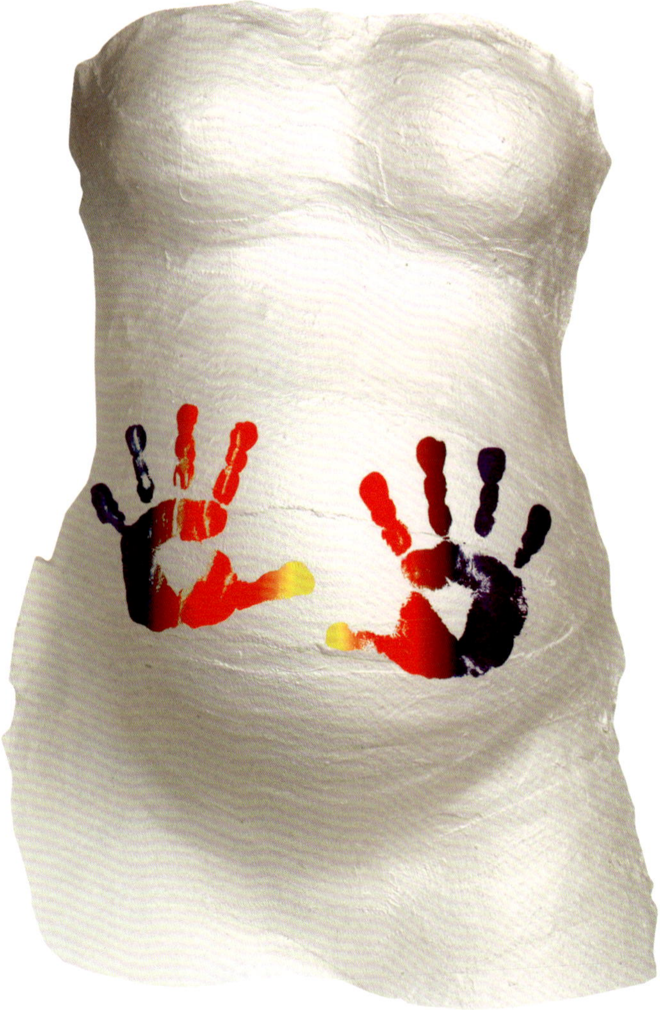

准妈妈体重称

www.uncommongoods.com www.bathroomscaleart.com

很少有女人能直接面对自己体重称上不断上升的数字，准妈妈们不得不经常观察并记录自己的体重数据。为了使这个过程变得有趣一些，这款体重称会显示出你到了孕期的第几个阶段，从孕初3个月到最后的临盆阶段都可以检测到。

肌内效运动胶带

www.amazon.com　　www.amazon.co.uk

由多孔透气棉制造而成，在不影响正常活动的前提下，肌内效运动胶带能缓解由于用力过度造成的肌肉疼痛。这款胶带还可以在运动中起到保护肌肉的作用，还能时刻提醒该处的肌肉锻炼得是否到位。

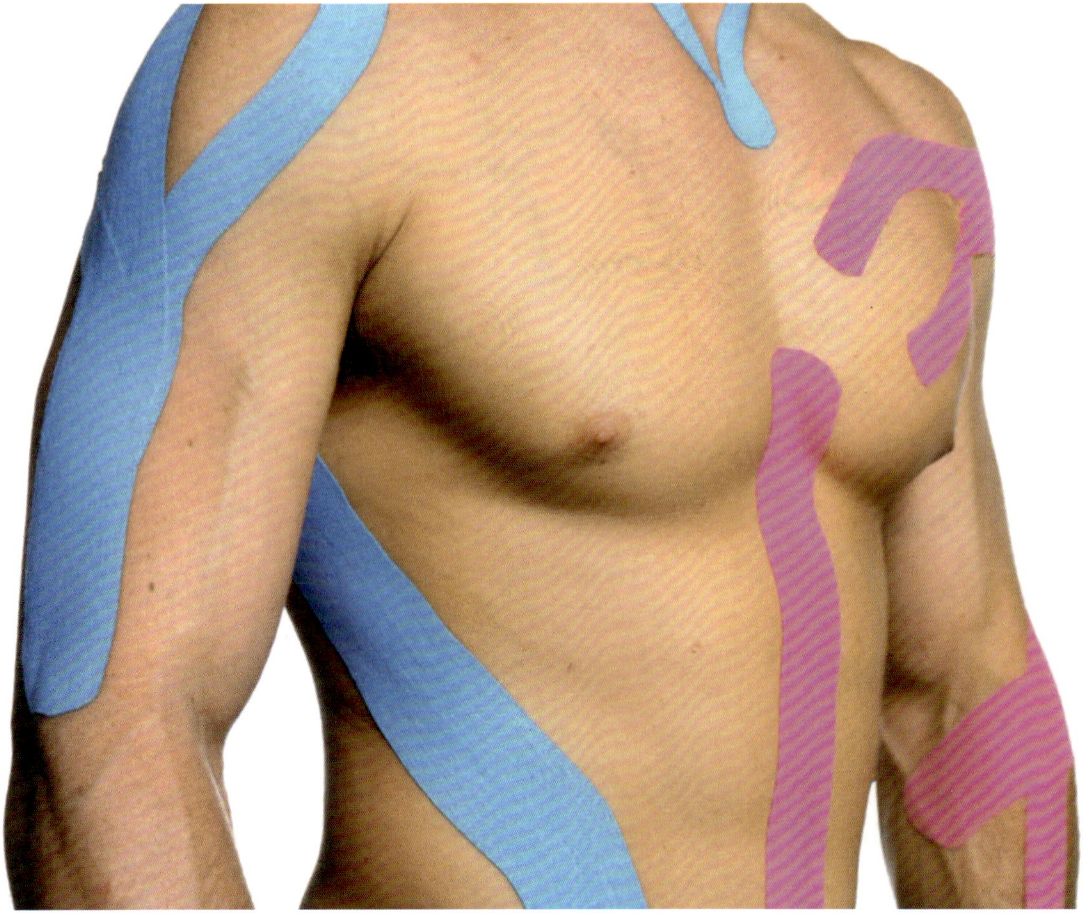

X张力手部锻炼器

www.thextensor.com　www.amazon.co.uk

X张力手部锻炼器的目的是促进血液循环。手指戴上指环套能够抗阻拉伸，并锻炼手部肌肉、肌腱、腕关节和肘部，缓解现代人由于长期使用电脑所带来的疼痛和不适，也能增强游戏玩家的手指灵活性。

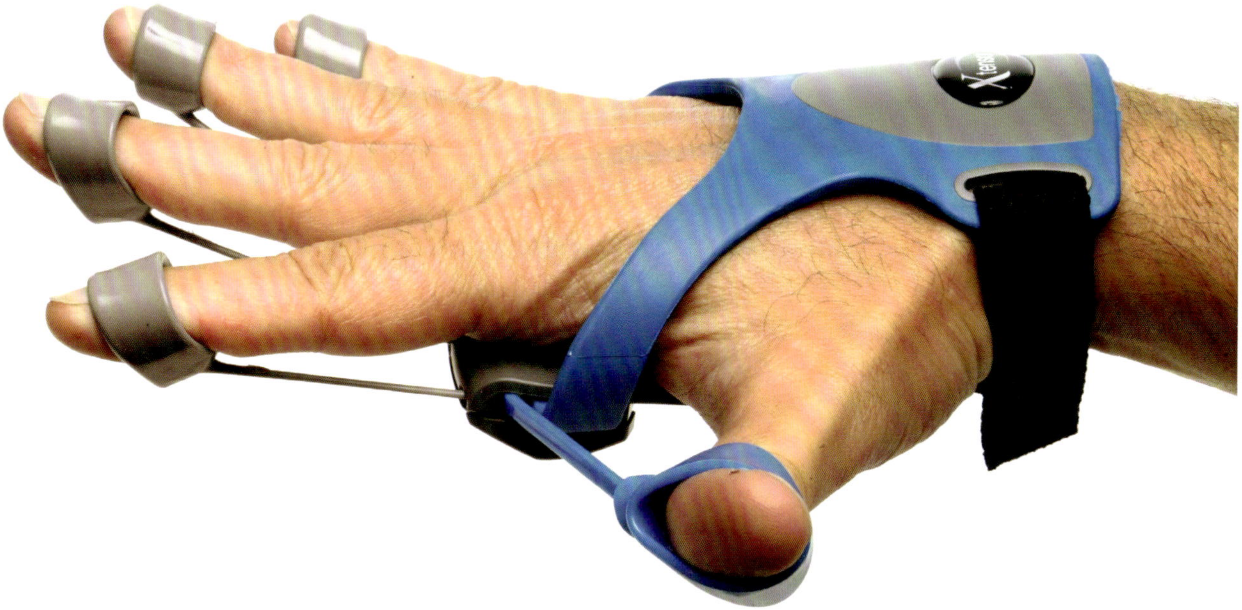

爱梦想1180头部按摩仪

www.dinodirect.com　www.tiao.fr

和前面提到的手部锻炼器一样，这款头部按摩仪同样能起到促进血液循环的作用。通过配置的遥控器，按摩仪振动按摩头部穴位，可以帮助改善偏头痛的症状。建议每次使用时间为5～15分钟，用后效果明显。

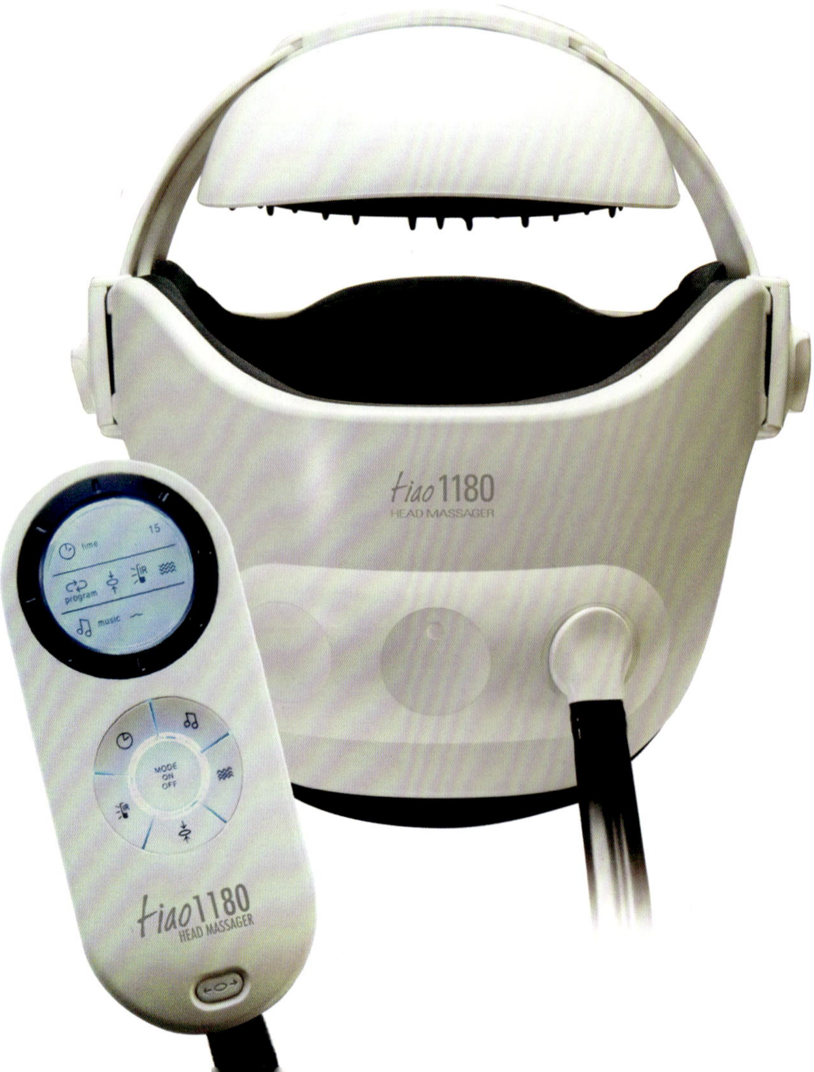

迷你不求人按摩仪

www.brookstone.com

小巧便携、简单易操作是此款按摩仪的最大特点，让自己按摩脖子、肩膀、后背不再费吹灰之力。按摩仪上没有任何开关和按钮，全靠3根振动按摩棒上的指示灯控制，灯亮就代表开，灯灭就代表关。简单方便，容易操作。

水下电灯

www.amazon.com　www.firebox.com

这款绝对防水的电灯很巧妙地悬浮在浴缸中，在水面上映射出五彩缤纷的色彩，把舞池的炫彩灯光搬进了你的浴缸。还有可以用到室外泳池的升级版哦。

天然文身比基尼

www.kiskin.it

你可能一直在劝女朋友或者老婆去文个性感的小文身，但她一直念叨着怕疼、怕出血等扫你兴。那就送她这款天然文身比基尼吧，在太阳底下晒过一阵后，她臀部右上方就会出现一个完美的心形阳光文身，不疼痛又性感。

治愈爱的创口贴

www.atypyk-e-shop.com

发达的现代医学已经找到了治愈感情创伤的良药了，这不是什么不治之症，而且处方比我们想象得要简单很多。你不必再穿着睡衣颓废地抱着悲剧电影哭得稀里哗啦，也不必再马上找个人填补感情空缺，只要简单的一小贴，立刻就能弥补你受伤的心。

印度爱经床头套装

www.amazon.com　www.amazon.co.uk

在床头触手可及的地方放一盒印度爱经床头套装以备不时之需吧！这款套装包括按摩精华液、渲染情趣的羽毛、会自身加热的橄榄油和带有水果香气的柔滑身体乳液。你只需放松、平躺，享受在这浓浓爱意之中。

时尚精品

3

58

X光透视包

时尚精品　www.thinkgeek.com　www.mycoolgadget.co.uk

包内装了一条面包、一罐豆子和一把水果刀？你这是要去哪里参加聚会？这款X光透视包外表可爱的图案绝对可以帮你打发走那些好事的人。在机场也完全有自己的风格，不过安检人员会不会也觉得这包可爱就得另说了。

磁带形单肩背包

www.thinkgeek.com　www.giftzone.co.uk

还记得过去听磁带的日子吗？当年把收音机里的节目录到磁带上，还会用铅笔转磁带孔把露出来的磁带卷回去，这款巨型磁带形的包包会让你想起当年的快乐。想想你新买的大容量MP3就在这个巨型的“磁带”里面，复古又时尚。

发光的衣服

www.lumigram.com

在下次社交聚会的时候，穿上这件发光的衣服尽情炫耀吧！由发光纤维和纺织面料做成的这件会发光的裙子通过小的电子模块向外辐射亮光，不但不会对人体造成危害，还绝对让你成为全场最闪耀的明星。

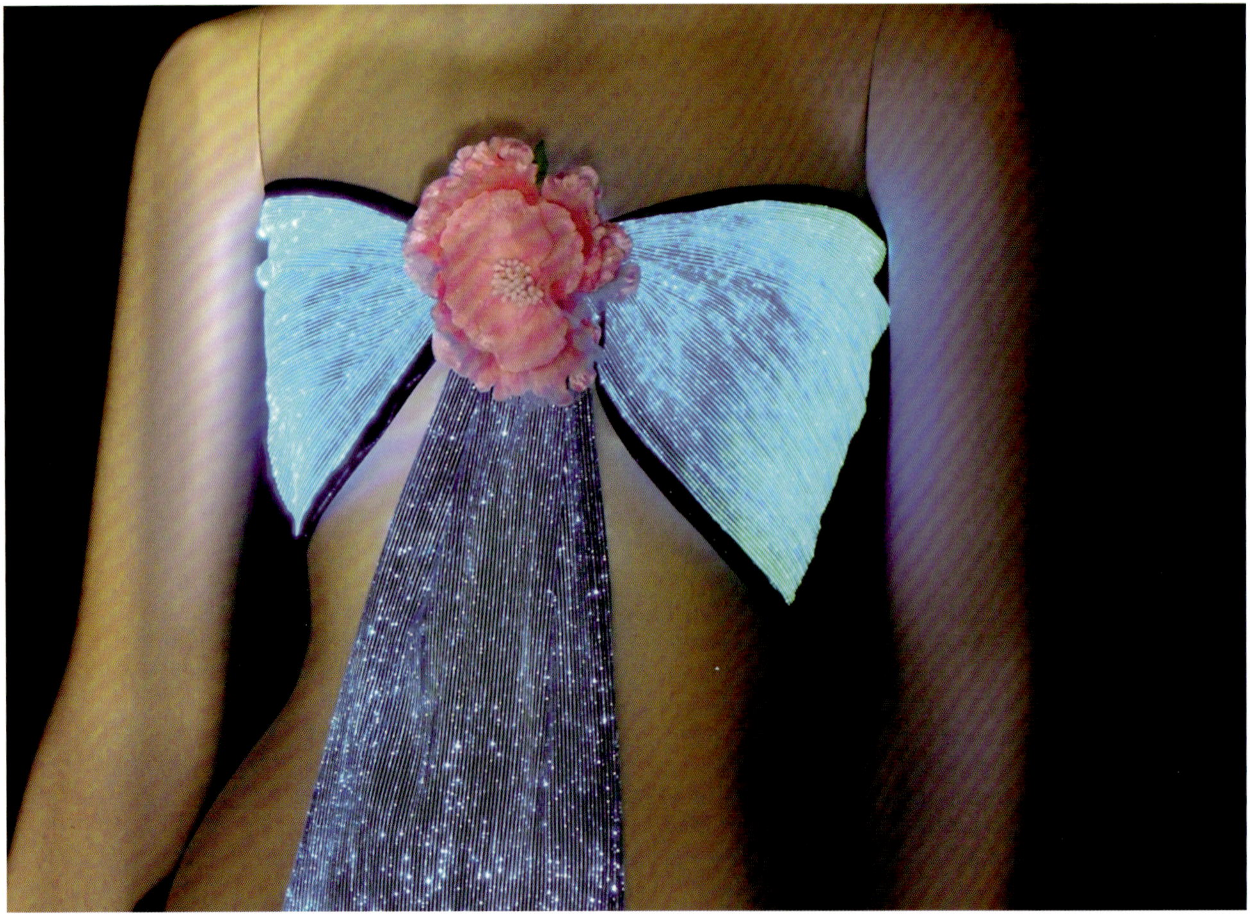

发光的月亮项链

www.gnr8.biz　www.cosmoligne.com

专为夜晚设计的简洁、典雅的月亮项链使佩戴者增添了一种如月亮般纯洁的气质，可以搭配任何晚装而不失风采。制造这款项链的材料是从硅中提取的，经过手工精细打磨而成。它带有可更换的电池，共有5种颜色可供选择。

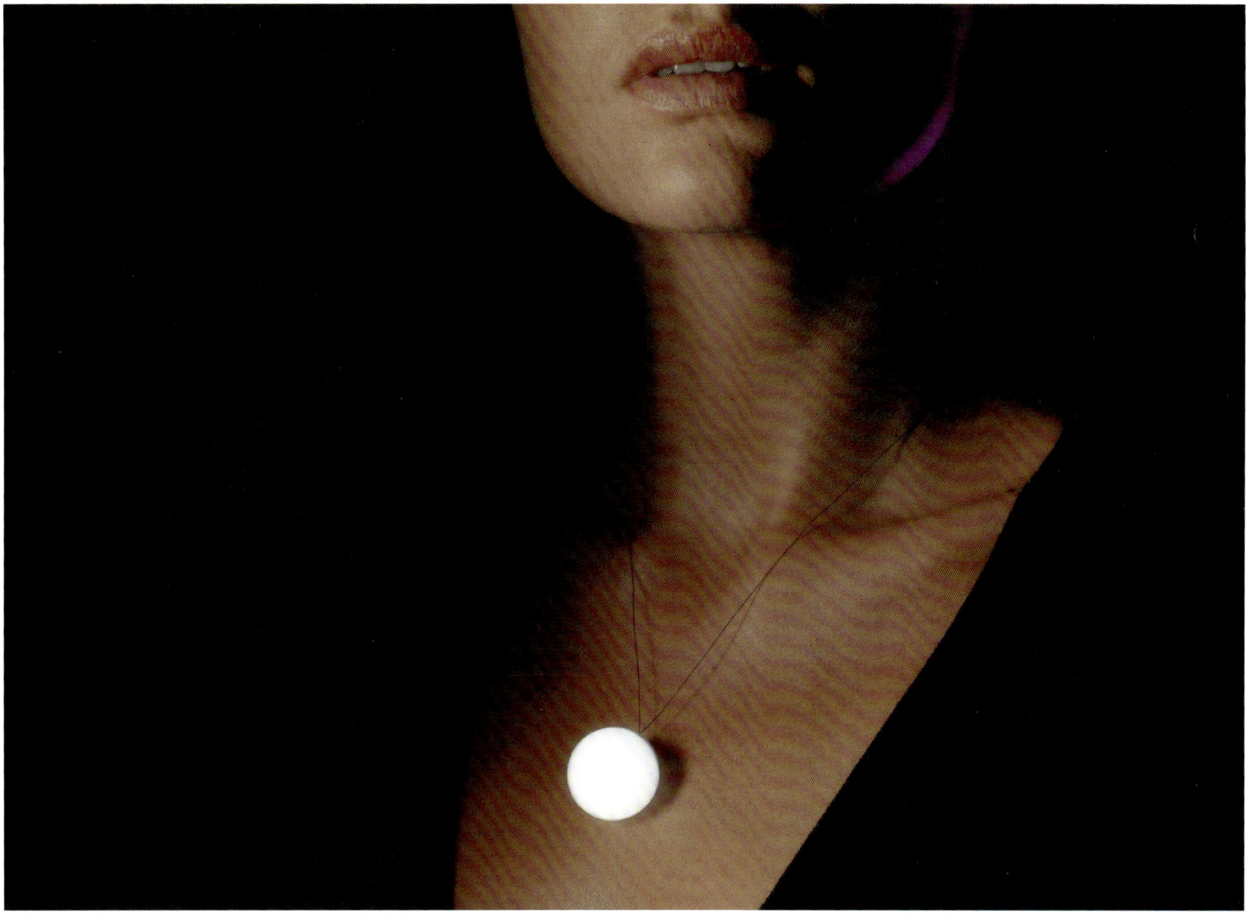

动漫皮带

www.bigbadtoystore.com　www.passion-estampes.com

近几年动漫越来越受到人们的关注，被拍成电影搬上了荧幕，还出现了动漫小说这种新书种。现在又有一种新的与动漫相关的产品问世了——动漫皮带。不觉得它很好看很抢眼吗？

回收再利用的饰品

www.annabuilt.com

安妮·布尔特巧妙地利用了回收可再利用的材料做成了这些好看的饰品。项链、耳环等都取自废弃的材料，经过提取加工，完全抛开它们原有的外貌，成了时尚新品。戴上它们，既保护了地球环境，又节省了自己的腰包。

新型男士手帕

www.srulirecht.com

这款手帕可不仅仅是手帕，紧急时刻它就会化身刀枪不入的“邦德”救你一命。这块柠檬色的手帕用可承受军事弹道重量的芳族聚酰胺纤维制成，经过7次折叠，就连子弹也打不穿。当然，请不要亲身尝试，相信我们说的是真的就好。

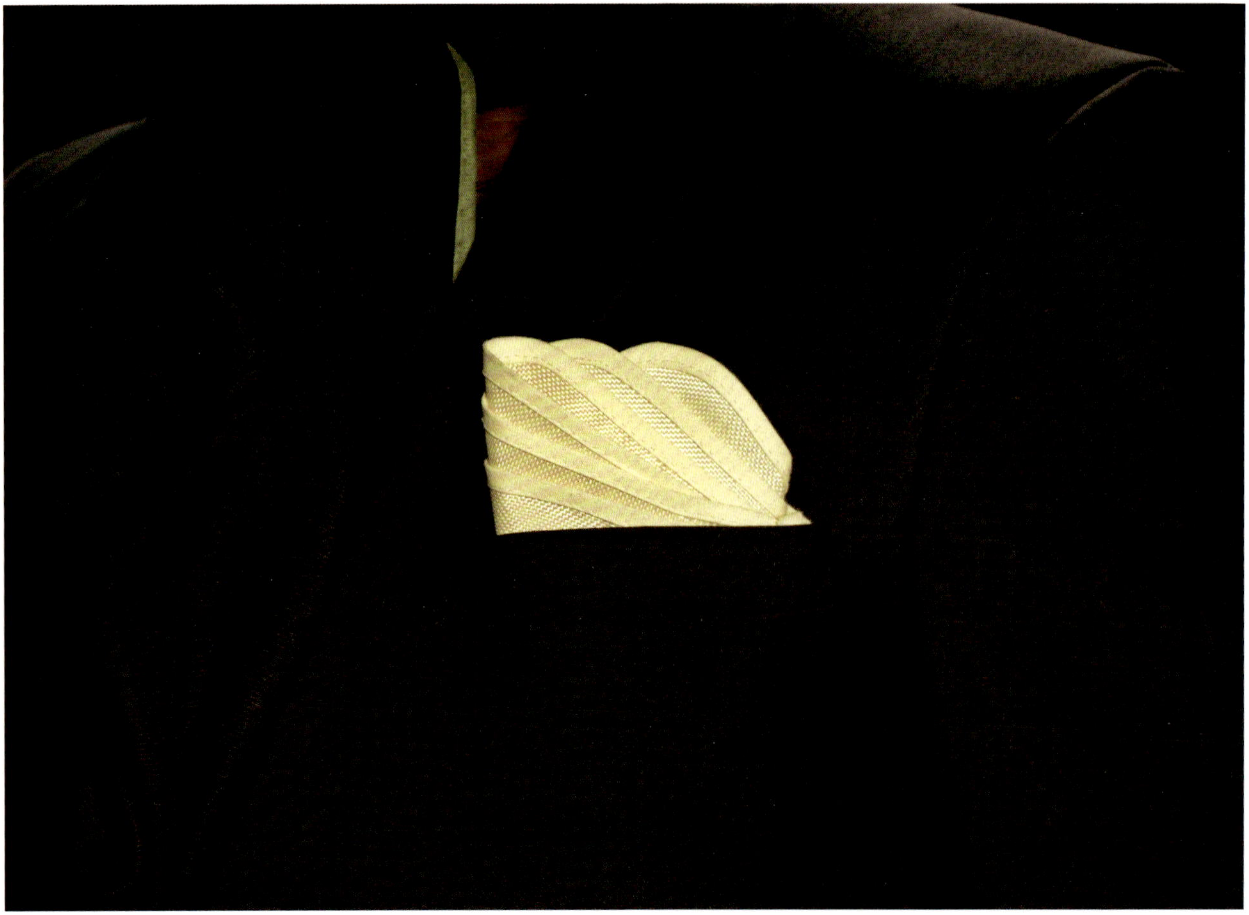

男式轻便两用包

www.charlesandmarie.com　www.koffski.com

相信男性朋友都有把所有东西——钱包、钥匙、手机等等——都塞进口袋后那种鼓鼓囊囊的感觉吧，那就选择这款男式轻便两用包吧！它容量大，足够装进你出门必带的所有物品。背带可以拆卸，所以将它别在裤子上、背在肩上都很方便。

固定啤酒皮套

 www.gifts.com www.holsterup.com

固定啤酒皮套是专门为喜欢烧烤和专心致志钓鱼的男性朋友设计的。再也不用担心出现干活儿没地方放啤酒或者把啤酒碰洒了的尴尬情景了，因为你可以随时把它们放在腰上，什么也不妨碍。

方便携带的“啤酒肚”

www.baronbob.com　www.thebeerbelly.com

希望你没被吓到，这不是真的啤酒肚，只是一个可以方便携带的装啤酒容器，只是它被做成了啤酒肚的形状。其实它不过是一只穿在衣服里面的储水袋，可以装3升的液体，给人一种有很大啤酒肚的感觉。吸管直接延伸到嘴下，方便饮用。当然不是必须装啤酒，装其他饮料完全没问题。

冷天吸烟专用手套

www.fridgedoor.com　www.suck.uk.com

由于公共场所全面禁止吸烟，在寒冷的冬天，烟民们想抽根烟，也只能跑到室外去。托比·王专门为吸烟者设计的手套可以帮助他们抵御寒冷。手套在手指部位有个金属孔，这样抽烟时手指就不会感觉到冷。只是你得自己想出怎么戴着手套先从烟盒里把烟拿出来。

连体衣睡袋

www.selkbagusa.com　www.musucbag.com

这款睡袋其实就是一件带袖子和裤腿的连体衣，在睡觉的时候，可以让身体自由灵活的伸展而不像睡在传统睡袋里那样一动也不能动。穿着它在露营地随便走动也不会感觉到冷。冬天在家保暖也很合适。

70

时尚精品

坚固的雨伞

www.senzumbrellas.com

这款雨伞兼备小巧、灵活、实用、时尚等多重特点，但最显著的特点就是它特别坚固，能抵抗住9级的大风。独特的流线型设计让你自由穿梭于风雨之中，与也不用担心伞被吹跑吹翻。与风中被吹得七摇八晃的伞作斗争的日子将一去不复返。

太阳能夏日凉爽旅行帽

www.amazon.com　www.laliquidators.net

这款太阳能夏日凉爽旅行帽靠太阳能供电，内置电风扇，太阳落山之后内置电池会继续供电，保证一天24小时不断凉爽。防水的亚麻材质，就算深处热带风暴中也能感觉清凉干爽。不单单是旅行，露营、钓鱼、打高尔夫，观察鸟类都不用再为酷暑烦恼了。

心灵感应情侣T恤

www.thinkgeek.com

在T恤袖子上带心形图案，那都是过时的了。现在玩的应该是这种胸前有6个心形图案的衣服，电池绣在心形背面，根据地点会有亮度显示的变化。这款情侣T恤一套两件，相互感应。两个人离得越近，胸前的心形就亮得越多。如果离得较远，亮着的心形会越来越少，直到全部熄灭。

个性音乐T恤

www.thinkgeek.com

人们一听到你胸前T恤放着的音乐就知道你来了，还有什么比这更能彰显你的个性？这款音乐T恤最适合在满满一屋子人面前来个华丽登场，或者只是在家里打扫卫生的时候听点儿音乐。不管怎么样，这款配有遥控器、内置音响效果，还能连接外置播放器的T恤让你的生活从此音乐不断。

约会必备袖扣

www.amazon.com　www.diamondharmony.com

还记得第一次约会时那些尴尬的谈话吗？她/他是不是……？我要不要……？现在这款约会必备袖扣让你不费口舌就能告知对方你想要什么和你的状态。每只袖扣上面都印着一种信息：已婚、单身、离异、花花公子、好奇心重、双性恋、异性恋、结婚狂等等。真是害羞怯于开口者的约会必备品。

情侣手套

www.cosmoligne.com　www.radius-design-shop.de

想要在大冬天还和另一半手牵手？很浪漫，但是不是太冷了？这款双人情侣手套专为寒冷冬天里的情侣们设计，任凭西北风呼呼地刮，你们的手却依然紧紧相握。不再担心寒冷，让浪漫温暖永存。

76

时尚精品

和小朋友跳舞的舞鞋

www.com-pa-ny.com

好心的阿姨叔叔再也不用担心和小淘气们跳舞时他们不配合了。芬兰的两位设计师——宋和奥林制作了这款专门为大人和小孩子玩跳舞游戏时穿的舞鞋。穿上它，小朋友正好站在大人的脚上，再也不用担心他们不安全了。那么，我的姑娘，你想跳一段什么舞呢？华尔兹、狐步舞还是吉朋舞？

宝宝泡沫头盔

www.babysfirstheadgear.com　www.thudguard.com

由凯利·福赛斯·吉布森设计的这款宝宝头盔全方位保护宝宝头部（前额、侧部和后脑勺）。它由柔软质地的泡沫制成，有效防护宝宝不小心碰到头，还能随着宝宝年龄增长调节大小。完全符合英国意外与急救协会制定的安全标准。

宠物礼服

www.buycostumes.com　www.costumiers.co.uk

在正式的场合狗狗怎么能穿普通的衣服出席？给它换一套黑武士的服装如何？让狗狗也体验一把邪恶世界的力量。或者它喜欢穿蕾雅公主那套带头饰的盛装，再或者换套尤达大师的衣服吧，比较适合年龄比较大的狗狗。

宠物狗护目镜

www.doggles.com　www.petplanet.co.uk

狗狗穿得好看也会给主人脸上增光。狗狗已经穿上了衣服、鞋子，还戴上了帽子，唯一缺少的就是一副护目镜了。这副护目镜是首款专门为宠物狗设计的眼部保护工具。

游戏玩具

4

动物手部贴画

www.iloveuma.com www.npw.co.uk

设计师海克特·塞拉诺从孩子们的游戏中得到灵感，设计出了这款各种动物造型的手部贴画。有因惊恐而瞪圆眼睛的长颈鹿、凶狠的鳄鱼和马上就要成为盘中餐的斑马，这些贴画只要沾水就能贴到手上，孩子们立刻就能沉浸在森林游戏中，玩得不亦乐乎。

暴尸街头的动物毛绒玩具

www.roadkilltoys.com

这是被撞飞的暴毙街头的小动物毛绒玩具，开肠破肚，鼻青脸肿。有松鼠、刺猬和兔子，它们的尸体都被装在一个透明的袋子里，里面还附上它们的死亡证明。

搞笑服装

www.buycostumes.com　　www.anycostume.co.uk

谁不喜欢妆扮成各种好玩的形象呢？这个网站上有130余款好玩的服装：粉色的大猩猩、大鹦鹉、牛仔和赌圣。有夸张的，也有性感的，但几乎每款都让人捧腹大笑。适合新年夜、生日、舞台表演等等。

万圣节婴儿服装

www.halloweenexpress.com

今天还是可爱婴儿的宝宝们很快就会长成叛逆的青少年，所以要趁早留一手，那就是给宝宝穿上可爱的万圣节服装。这样以后你可以时常翻出他们可爱模样的照片来回忆。

86

摩天大楼立体拼图

游戏玩具　www.amazon.com　www.uberarc.com

这款摩天大楼立体拼图有1600块图，使孩子从小对建筑产生兴趣，自己动手搭建摩天大楼，从打地基开始直到最后一步完成。孩子们可以按照图纸来“施工”，也能发挥自己的想象力来“建造”。适合全家人一起玩。

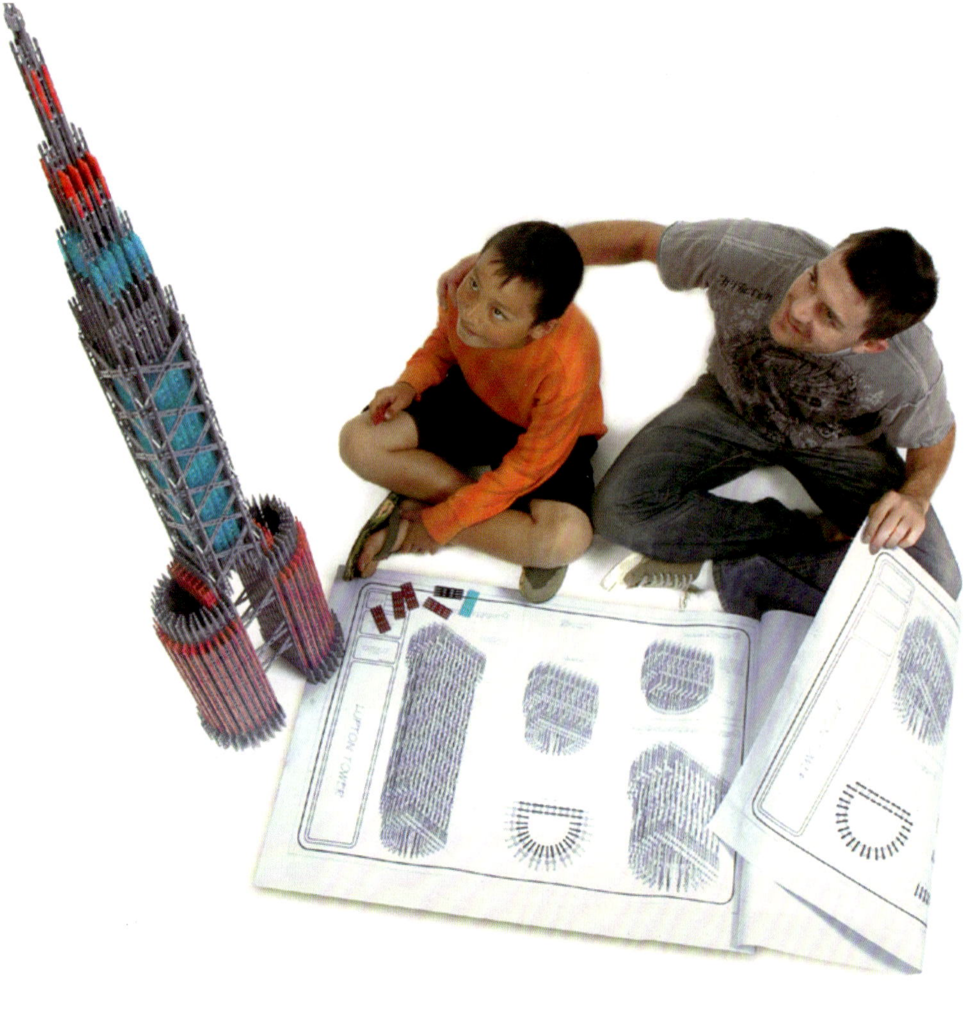

20合1游戏桌

www.allgamestables.com　www.paramountzone.com

这款游戏桌可以让你在一个游戏桌上玩20种游戏，桌上足球、乒乓球、台球、象棋、保龄球、曲棍球等等应有尽有。所有游戏需用到的配置和说明书都和游戏版面一起隐藏在这款游戏桌里面，想玩即可方便取出。

垂直象棋棋盘

www.straightupchess.com

你不必再蜷缩身体，全神贯注，一动不动，就为下盘象棋了。有了这款垂直象棋棋盘，不仅你的咖啡桌空出来了，还可以平视棋盘，走好棋后远观自己的成果，也远观这充满现代艺术感的垂直棋盘。这款棋盘绝对经得起时间的雕琢，给子孙后代留个象棋难题去破解吧！

颜色相同的魔方

www.thinkgeek.com　www.amazon.co.uk

别以为这个各面颜色相同的魔方很简单，其实很难。因为各个小立方体的大小不同，旋转起来就会形成不同的形状，要想把它恢复到最初的正方体可得费一阵工夫。

6合1太阳能源机器人

 www.stevespanglerscience.com　www.lazyboneuk.com

专为绿色环保的新时代设计，这款6合1机器人让孩子们在很小的年龄就能了解环保的意义。机器人总共可以变成6种形状，包括小猫、小狗、风车和飞机等。它全靠太阳能发电，在电灯下也能运转。

连接电子火柴人

www.amazon.com www.firebox.com

你的电子火柴人在那个小正方体里闷死了，赶紧把它们相互连接起来做点儿有意思的事情吧，比如打球、竞技体育、骑独轮车。有些还会相互串门。试着摇晃一下你的电子火柴人，看看他们会有什么反应吧！

充气型决斗武器套装

www.find-me-a-gift.co.uk　www.gadgetepoint.co.uk

“我只是说了，亲爱的过来，我们不要冷静地讲道理了。”然后她就扔给了我这个充气的狼牙棒。哈哈，有了这充气的盾牌、头盔和狼牙棒，谁还在乎讲不讲道理。这种武器适用于发泄怒气和双方较量输赢，打在身上绝对感觉不到疼。

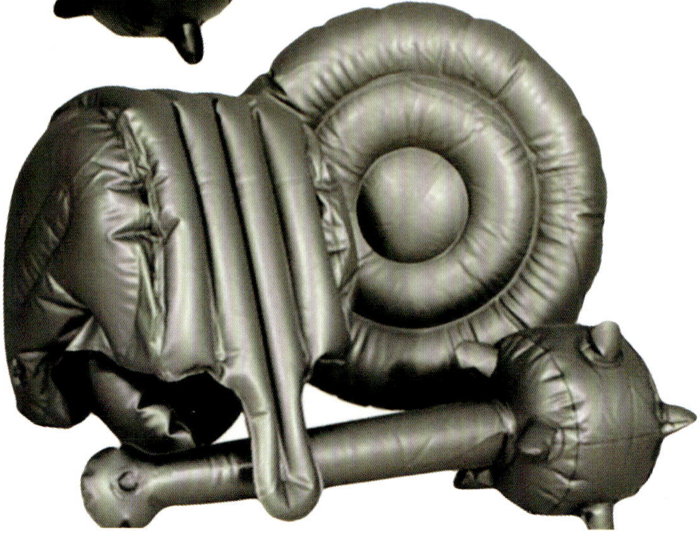

彩弹发射坦克

www.funtrak.co.uk

你一直想要拥有辆坦克吧？但是面对种种诸如价格、大小和影响世界和平等问题而犹豫不决。这款彩弹发射坦克可能就是你一直在寻找的。仿真型坦克外观，履带轮子，还有一挺彩弹枪，让你边行进边射击。彩弹有多种颜色，从卡其色到天蓝色可供选择。

球体滚滚乐

www.iwantoneofthose.com　www.rolerball.co.uk

如果非要给这个巨大的球体滚滚乐配一种声音的话，肯定是那种充满刺激和好玩的“啊啊啊啊啊……”。参与者通过两条皮带被固定在这个透明的球体里，然后就利用地心引力的作用将他滚着（但安全地）送下山。它是极限运动爱好者的挚爱，记住，本产品不附赠山。

吸血鬼3滑翔衣

www.phoenix-fly.com　www.opulentitems.com

这款特制的滑翔衣是专为爱好自由降落和高空跳伞的人设计的，它对方向、高度和速度都有着精准的控制能力，能够延长使用者在空中滑翔的时间，让其充分享受飞翔的乐趣。本品是为经验丰富的跳伞爱好者设计，请初学者和心脏承受力弱者不要尝试。

轮子上的霓虹灯

www.amazon.com www.monkeylectric.com

晚上骑车，仅仅是被看见怎么够，应该有个炫亮华丽的现身才对。猴子灯具公司出品的这款LED发光二级管车轮能把你的自行车装扮得闪闪发光。适用于各种车型，想装成发光的广告牌、欢乐的游乐场，还是仅仅想写几个字上去，都随你去发挥。

魔力轮

www.amazon.com　www.magicwheel.co.uk

这款时髦的休闲魔力轮是介于滑板、小轮摩托车和独轮车之间产品。脚蹬地出发，落地刹车，简单方便，轻松易学。

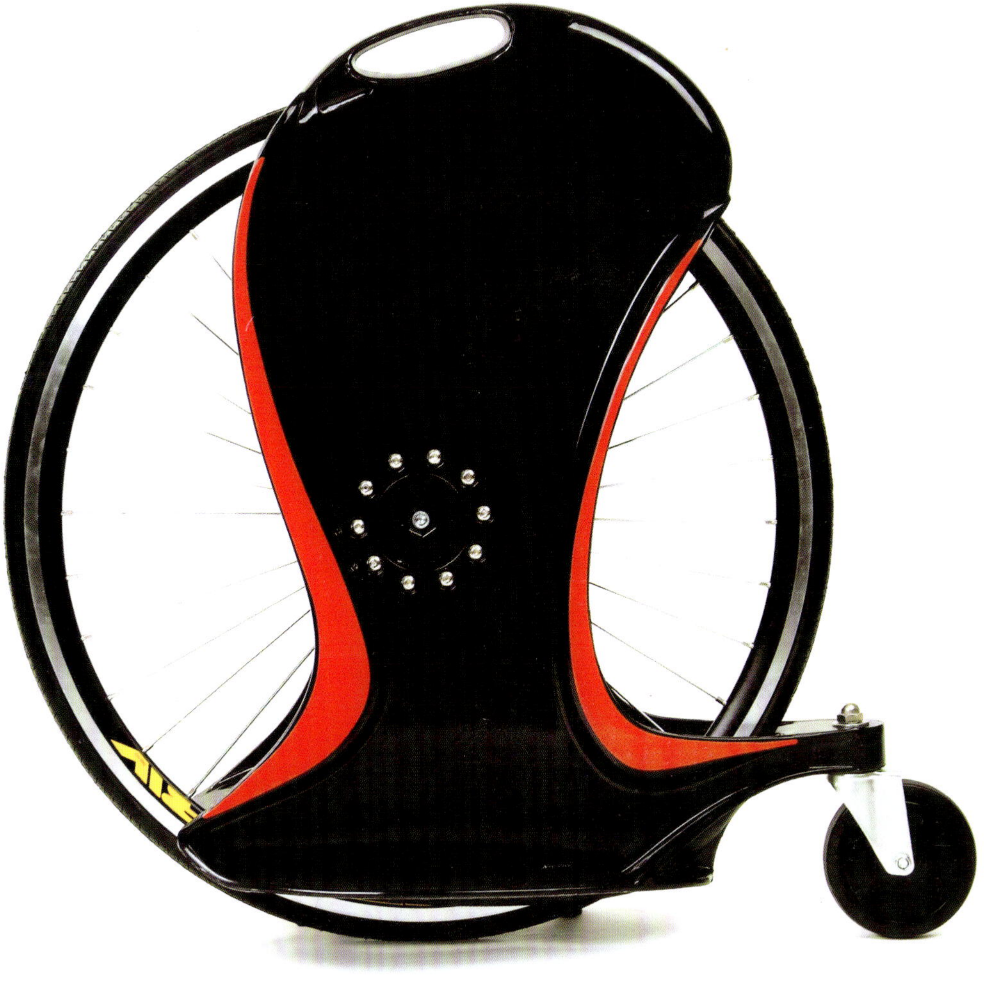

立体地球拼图

www.amazon.com　　www.amazon.co.uk

如果你觉得拼非洲之角不容易，那是你还没有拼到太平洋呢。这款地球拼图总共有540块，要想拼好可不容易。上帝花了7天时间来创造地球，看看你要花多少时间能拼好一个呢？

磁悬浮地球仪

www.innovatoys.com　www.amazon.co.uk

和宇宙中的地球一样，这款地球仪也能悬浮在空中。通过磁铁异性相斥的原理，这个10厘米直径的小地球悬空于底部由铬合金制成的托盘上。把它放在办公桌上绝对抢眼。

新型弹簧单脚高跷

游戏玩具

www.flybar.com www.amazon.co.uk

这款弹簧单脚高跷采用新型技术，能让使用者跳出适合自己的理想高度，最高可使人离开地面1.5米。随着你玩得越来越好，你还可以学一些花样跳法增加趣味。

会漂流的滑板

www.freelineskates.com　www.driftingskates.com

这款会漂流的滑板和普通滑板不同，双脚和轮子之间不固定，主要靠轮子左右旋转前进。如果你踩着它滑下坡路时感觉到自己在漂流的话，就说明你已经完全掌握技巧了。这款滑板世界中的新产品虽然看着有点难学，但其实很容易掌握，并且很有趣。

猫咪遥控器

www.thinkgeek.com　www.npw.co.uk

和狗不一样，猫不会完全听你的话。如果有一个遥控猫咪的控制器该有多好？只需你冲着猫按下相应的按键，它就会完全听你的派遣？这款猫咪遥控器就是为此而设计的。现在，全神贯注地注视着这个遥控器，然后按下按键，有效果了吗？

猫咪的玩具

www.suck.uk.com

97%的时间里，你家的猫咪都显得百无聊赖，可能是因为你没提供能激起它们兴趣的玩具吧！suck.uk.com网站上提供了琳琅满目的猫咪玩具，有消防车、飞机、汽车和坦克等。请注意，送到你家中的玩具都是未拼装好的，所以帮你的猫咪把它的座驾拼起来吧！

宠物狗电影光盘

www.doglywood.com　www.gift-shop-for-dog.com

专为狗狗拍摄的电影绝不是简单的为了票房，这些电影具有很高的社会价值。比如你外出在家，这些电影就能使狗狗安静地呆在家里。不仅如此，它们还能增强狗狗们之间的互动能力和对外界诸如车笛、雷电等敏感声音的适应能力。

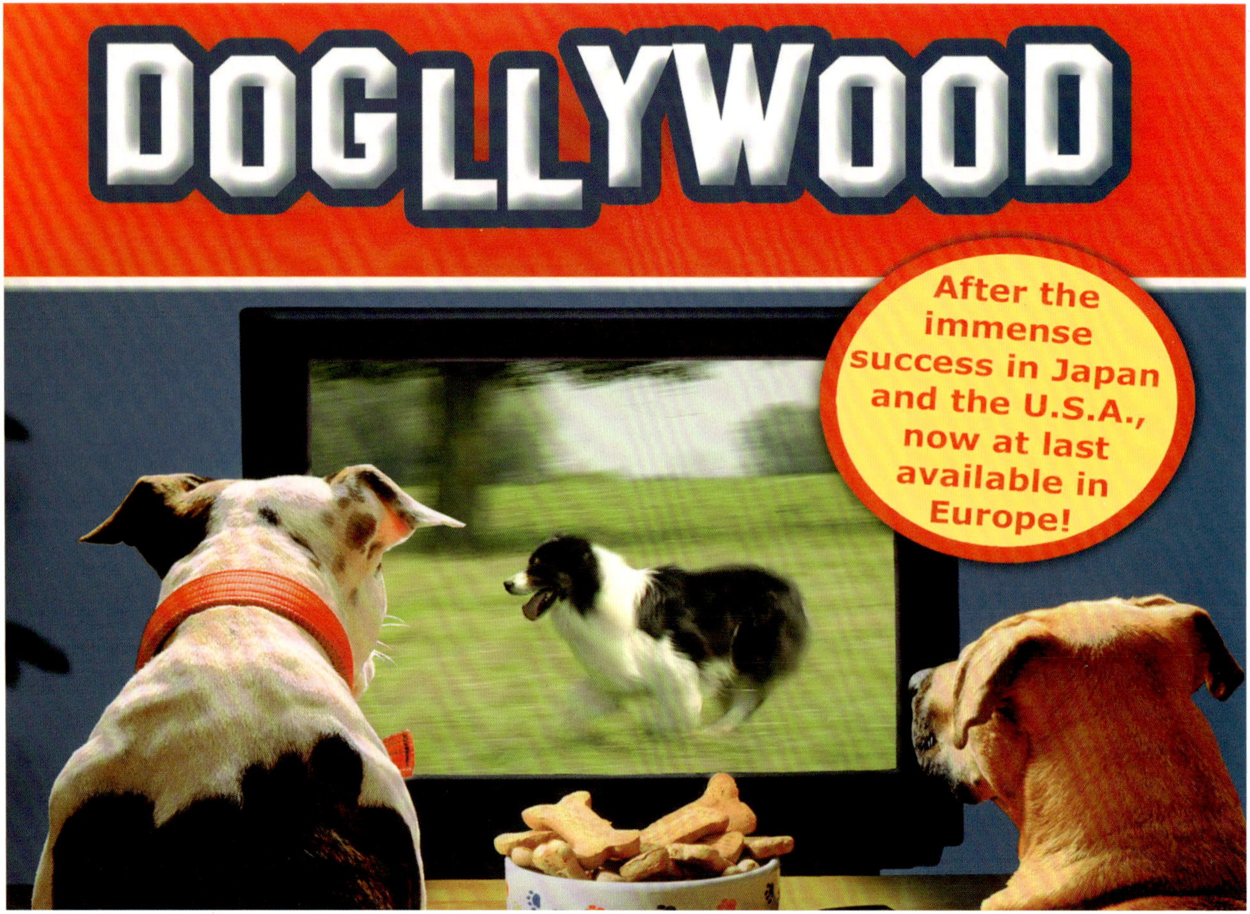

DOGLLYWOOD
After the immense success in Japan and the U.S.A., now at last available in Europe!

R2鱼学堂训练套装

www.r2fishschool.com　www.petplanet.co.uk

鱼缸里你心爱的宠物鱼不爱动吗？肯定是没有好玩的玩具让它消遣。给它买这套R2鱼学堂训练套装吧。通过鱼食的诱惑，让你的小鱼很快就学会足球射门、篮球灌篮、滑雪和跳舞。

小玩意儿

5

108

可以写字的胶带

小玩意儿　www.thinkgeek.com　www.suck.uk.com

这款可以写字的胶带非常适合标记打包之后的箱子。剪下一段，贴到箱子上，拿笔把想写的写上就可以了。也适用于给爱人留个便条或者教孩子认字，抑或干脆作为一件艺术品贴在家里也不错。

“别烦我”便签

www.coolstuffexpress.com   www.neatoshop.com

不管你天性多么喜欢热闹，也肯定有不想和任何人说话的时候。这款手掌形状的便签在这个时候就最合适不过了。你只需从一叠里面取下一张，写上你想说的话，贴到别人看得见的地方就行了，一点都不用废话。

胶带日历贴

www.clickshop.com www.suck.uk.com

用面巾纸打结记事的办法行不通，在手掌上写字又会被汗浸湿，在遇到这种紧急且事先没有准备纸笔的情况时就用这种胶带日历贴吧。黄色的胶带分为两部分：一部分是日期，另一部分是星期。

折纸手工便签条

www.baronbob.com　www.suck.uk.com

开会无聊的时候在本上写写画画是不错的主意，但是不是该做点儿更有创意的事情呢？收集你的便签条，然后开始做手工折纸吧。每盒折纸手工便签条有100张便签，有蝴蝶、小鸡、鹦鹉等多种图案可供选择，至少可以保存8年。

迷你钓鱼竿

www.nauticalia.com　www.amazon.co.uk

怎么抓住世界上最小的鱼？那就一定得用世界上最小的鱼竿。这套和钢笔一样大小的鱼竿设计得非常独特，底部把手可翻转，左右撇子都能使用，还配有绕线轮。由于这款鱼竿太袖珍，所以你借开会的理由偷偷去钓鱼的话，根本不会有人察觉。

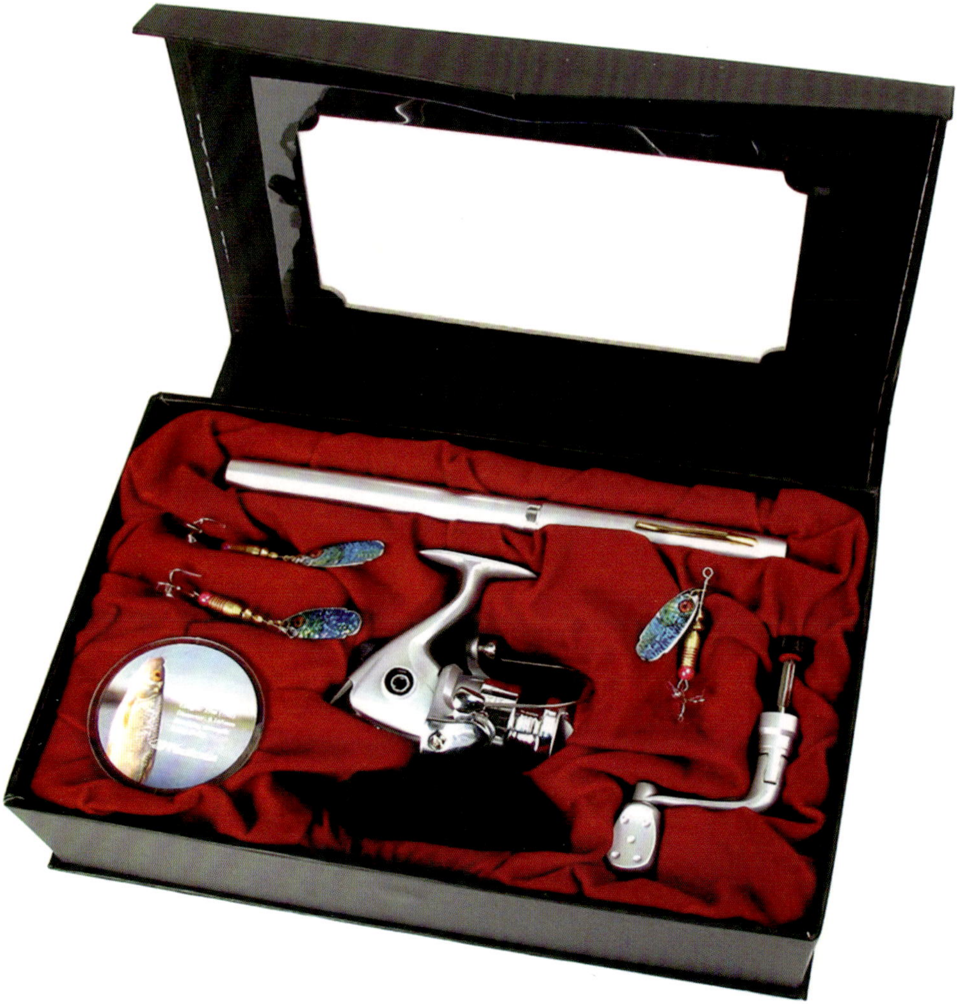

绿色盆景充电器

www.thinkgeek.com　www.lazyboneuk.com

办公桌上充斥着各种数码产品及其电源充电器，有手机的、数码相机的、MP3播放器的……用这款绿色环保的充电盒子吧，把这些数码产品都放进这个绿油油的长满鲜草的盒子里，不一会儿就都能充好电了。

会说话的相册

www.amazon.com　www.talkingproducts.co.uk

近些年开始流行在家里明显位置摆放数码相框。这款能装24张照片还会说话的相册初看并没有什么特别，但你可以在每张照片里录下10秒钟的录音，再也不需要为每张照片都写上题注了。

腕部测谎仪

www.makershed.com

她明明偷吃了饼干桶里的所有饼干，嘴上还有饼干屑，但就是死活不承认？看来只有给她戴上这款腕部测谎仪了。和套在手指上的一个感应器相连接，这款测谎仪靠皮肤的电反应来判断是不是在说谎。简而言之，她一心虚出冷汗的话，红色指示灯亮起就证明她说谎了。

萌物优盘

www.mimoco.com　www.pixmania.com

科技一点儿都不无聊，书呆子们也不全是弱不禁风、满脸青春痘的社交障碍者。电脑技术工作者也可以很有趣，甚至有那么一点儿性感的意味，这些可爱的卡通萌物优盘就足以证明这一点。有几十种形象可供选择，从代表邪恶力量的黑武士到胖嘟嘟KT猫，应有尽有。

发情的小狗优盘

从最初建造吉萨金字塔群，到几个世纪之后发明内燃机和青霉素。现在人类的又一伟大创造就是这只发情的小狗优盘。只要一插进USB接口里，小狗就开始发情，后腿动来动去。至于发情的小狗优盘可不可靠，就要你自己去尝试了。

袖珍蘑菇迷你吸尘器

www.gadget.brando.com　　www.amazon.co.uk

你是不是洁癖狂？哪怕一点点面包屑或是铅笔屑都能让你抓狂？对付这种情况，一台小巧的吸尘器最合适了。相比之下，这款蘑菇型袖珍吸尘器的外表造型非常可爱。摆在桌子上，随时可以拿来清洁键盘和衣服上的毛毛。

室内盆栽

www.amazon.com www.find-me-a-gift.co.uk

每个人小时候都喜欢捣鼓个花花草草什么的。这款可爱的盆栽植物就可以帮助我们重温小时候的快乐。陶瓷质地的花盆里面埋有种子，只要好好浇水，就可以在不到两个星期的时间里长出绿油油的草来。你可以任凭它生长，也可以在适当的时候对它进行修剪。

爱语印章

www.atypyk-e-shop.com

用情书来表达爱意固然浪漫，但现在生活节奏太快，要做的事情又太多。要洗衣服，给小孩子做饭，9点之前还要赶去上班，哪里有时间坐下来写对另一半的爱意？这款橡胶质地的印章完全不用你大费周折，但又足够浪漫、足够贴心。

玫瑰花瓣浴皂

www.iwantoneofthose.com

在浴缸里撒下香香的玫瑰花瓣不再是有钱人的专利了，有了这款玫瑰花瓣浴皂，谁都可以做到。把带有玫瑰香气的花瓣撒入浴缸里，它们就会自动溶解，散发出沁人心脾的味道。

122

十字绣明信片

小玩意儿 www.uncommongoods.com www.details-produkte.de

人们常说，过程和结果同样重要，但有时候在旅行的路上人们真的很容易感觉到无聊，那就拿出这款十字绣明信片开始穿针引线吧。相信有了它，你就会乐此不疲地在明信片上描绘陆地的形状，再也不会感觉无聊了。

木制明信片

www.amazon.com　www.suck.uk.com

在木头上刻字求爱可能是最古老的方法了，但是现在想刻要去哪里找木头呢？这款由材质薄软的木头制成的明信片也许可以满足你的愿望。拿钥匙或者其他较坚硬的东西刻下你想对另一半说的情话，然后寄出去，像古代的人们那样浪漫一把。

前情人巫蛊娃娃

小玩意儿 www.curiosite.com www.gadget-box.com

每个人都有情场上被甩的经历，你觉得他和你一样都坠入了爱河，可谁知他因为公司一个新来的女孩就无情地把你抛弃了…… 这款巫蛊娃娃虽然不能施魔法让他回心转意，但是绝对可以帮助你安抚一下情绪。你只需要贴一张他的照片，然后就准备根针随便发泄吧。

放飞灯笼

www.amazon.com　www.firebox.com

这款灯笼由阻燃的纸和打过蜡的棉花制成，方便点燃和放飞。在幽静的夏夜、新婚典礼上、聚会时或者浪漫的海滩上，放飞一只点亮的灯笼到天空中去，看着它逐渐升高渐行渐远，远到看不见为止，这经历真叫人终身难忘。

三合一地图

www.panamap.com

大城市的街头，经常看到运气不好的旅客手拿3张不一样的地图，特别困惑特别无奈的表情。现在好了，有了这张实用高效的三合一地图就方便多了。各地区、街道、地下通道的信息分三层印在地图上，从任何角度都清晰可见。

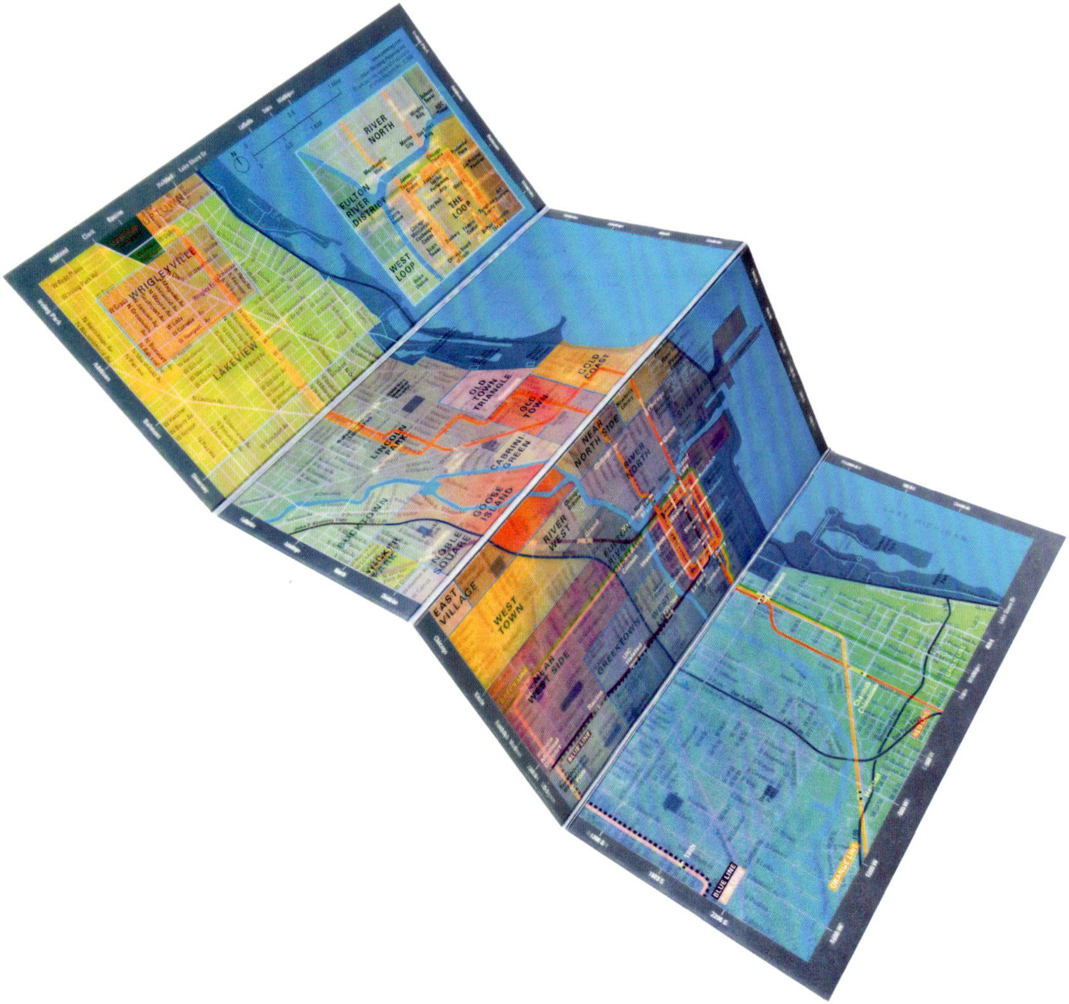

波点图案旅行箱

www.mydotdrops.com

独家定制的波点图案旅行箱不仅能为旅途增添时尚感，更能在机场堆满行李箱的传送带上一眼就被辨认出来。定制过程如下：到MyDotDrops网站主页，在虚拟的旅行箱上设计你想要的图案和颜色，点击下单，几周后就能收到你自己的专属旅行箱了。

数码产品

6

130

尤思特电影场景重现仪

数码产品　www.amazon.com　www.yoostar.com

“你心有余而力不足，打起架来像只大猩猩一样。”这话有点儿过分吗？哦，原来是电影《洛基》中的台词。尤思特电影场景重现仪配有网络摄像头、绿幕布和后期软件，让你不用忍受潜规则就能置身电影之中，在真实的电影场景中加入你精彩的表演。史泰龙，看招，我来了！

名纳3D网络摄像头

www.amazon.com www.firebox.com

两只摄像头——一只装有红色透镜，一只装有蓝色透镜，两只摄像头在屏幕上工作的时候形成少许的时间间隔，就能形成3D效果了。戴上配置的3D眼镜看与你视频聊天的朋友，仿佛伸手就能摸到他，是不是很神奇呢？

大眼睛留声机

www.amazon.com　www.firebox.com

“这是一款可以把你的声音录下来的可爱又实用的小物件，录音时间长达10秒，可以任意将其摆放在家里的任何地方。“大眼睛”带有感应器，只要有人出现在1米的距离以内，它就会播放事先录好的声音。比如你把它放到冰箱上，如果有人开冰箱门，它就会立即说：“不许动冰箱里的食物”。

潜水相机面罩

www.divecamcentral.com　www.firebox.com

“再潜深一点儿，再深一点儿，说‘茄子’！”这款潜水相机面罩是第一款把潜水面罩和数码照相机相结合的产物，最深可用于水下5米。特别适合在游泳池里边玩潜水边拍摄。

数码视频备忘录

 www.amazon.com www.iwantoneofthose.com

21世纪发达的科技已经深入到我们的日常生活了，这台数码视频备忘录就是很好的例子。通过USB接口充电，录制视频和音频的时长可达30秒，背面还带有磁铁，从此它就和你家的冰箱相依相伴永不分离了。

LED头戴式显示器

www.vuzix.com　www.firebox.com

你是不是幻想着能拥有一副酷酷的全黑墨镜，能接入任何数码设备，在镜片里就能享受数码时代的乐趣。现在这款头戴式显示器完全可以实现你的这个梦想，双屏显示画面，虽然离眼睛只有不到120厘米的距离，但眼镜里显示的是在3米以外观看的效果。非常适合玩游戏、看肥皂剧和电影等。

任天堂消音卡拉OK麦克风

www.japantrendshop.com

卡拉OK很棒？如果你隔壁住着一个热衷在家里唱歌又唱得特别难听的家伙，你就不会这么觉得了。送他这款消音卡拉OK麦克风吧，它最主要的特点就是静音，话筒两边多出来的圆柱体可以消音，但是歌唱者还是能通过耳机听到自己的歌声。

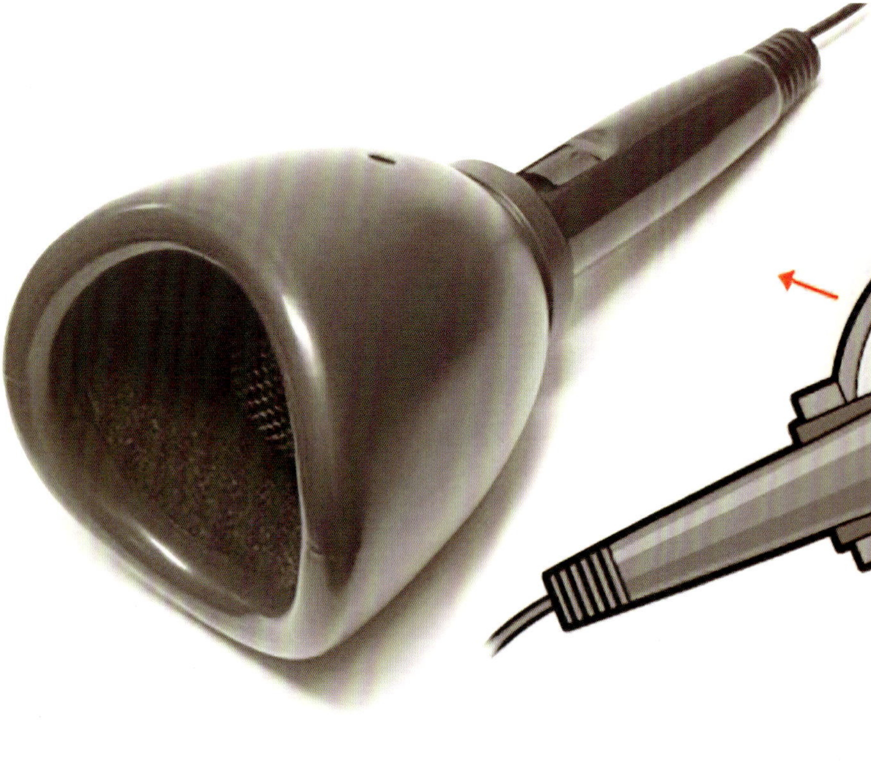

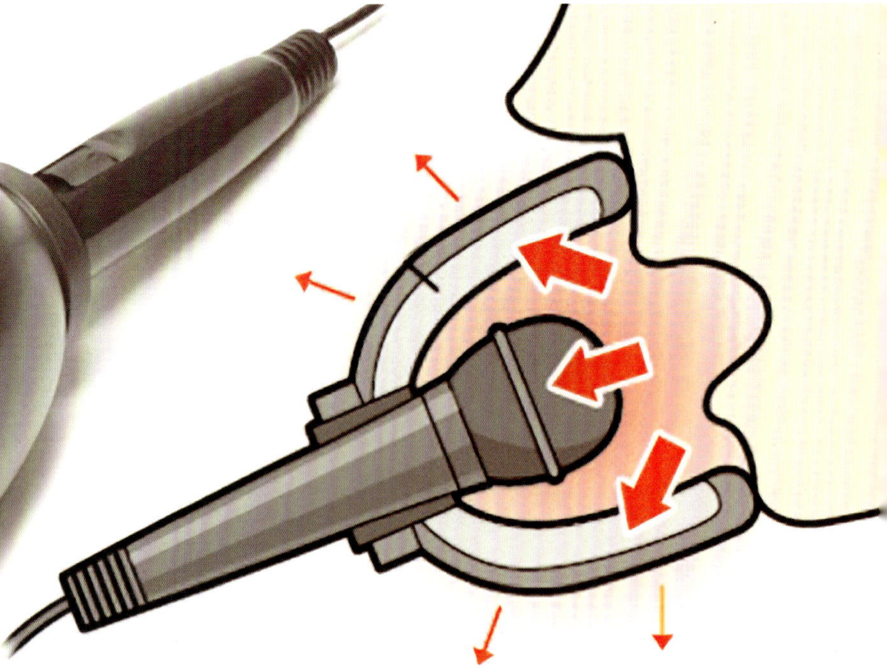

索尼随身跳精灵播放器

www.sonystyle.com　www.ebay.com

这是一款有自己想法的MP3播放器，它会随着音乐跳舞，还能根据不同的音乐变换自身的颜色。通过旋转机身选择音乐和调节音量，通过蓝牙还能无线播放其他设备里面的音乐哦。

YOROZU革新型音响套装

数码产品　www.japantrendshop.com　www.amazon.com

这款革新型音响套装基本上可以把任何事物都变成能播放音乐的音箱。比如说这盒牛奶，把振动延伸线粘贴到盒子的外侧（用到的粘贴纸包括在套装内）连接音频接口，音乐就会从牛奶盒内发出哦！用到的原理就是声音的波动性。不妨拿你家的咖啡桌、台灯、旅行箱、手写板都试一试，看看效果如何。

MP3大号音箱

www.perpetualkid.com　www.shinyshack.com

有时候尺寸很重要，而且是越大越好。图中的这对巨大的东西看起来好像是怪物史莱克的耳机，但其实它们是一对电脑音箱，也可以当作MP3播放器。音箱内置扩音器，可以靠电池供电，也可以通过数据线与电脑连接。

帝王般的工位

www.novelquest.com

这个工位配有空调、空气净化器、日光模拟器和电脑触屏，为工作赋予了新的定义。如此奢华的享受让工作不再是一件苦差事。不妨跟你的老板提一下，给你换这种新工作装备。

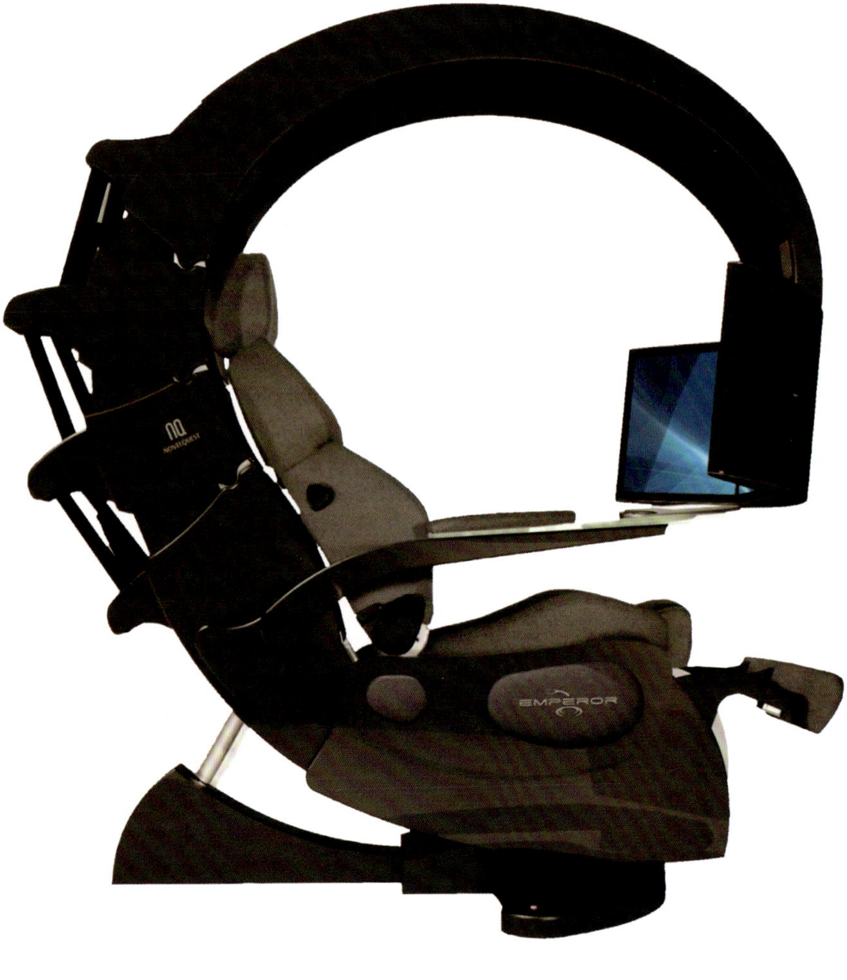

激光束琴

www.thebeamz.com

钢琴无疑是最伟大的乐器，现在学有点儿晚了，况且谁有那时间呢？试试这款激光束琴吧，每次用手去摸激光束，它就会发出一个音符。这款琴总共能演奏出30首歌和19种音乐类型。与显示屏连接，就能看到自己弹激光束琴的过程。

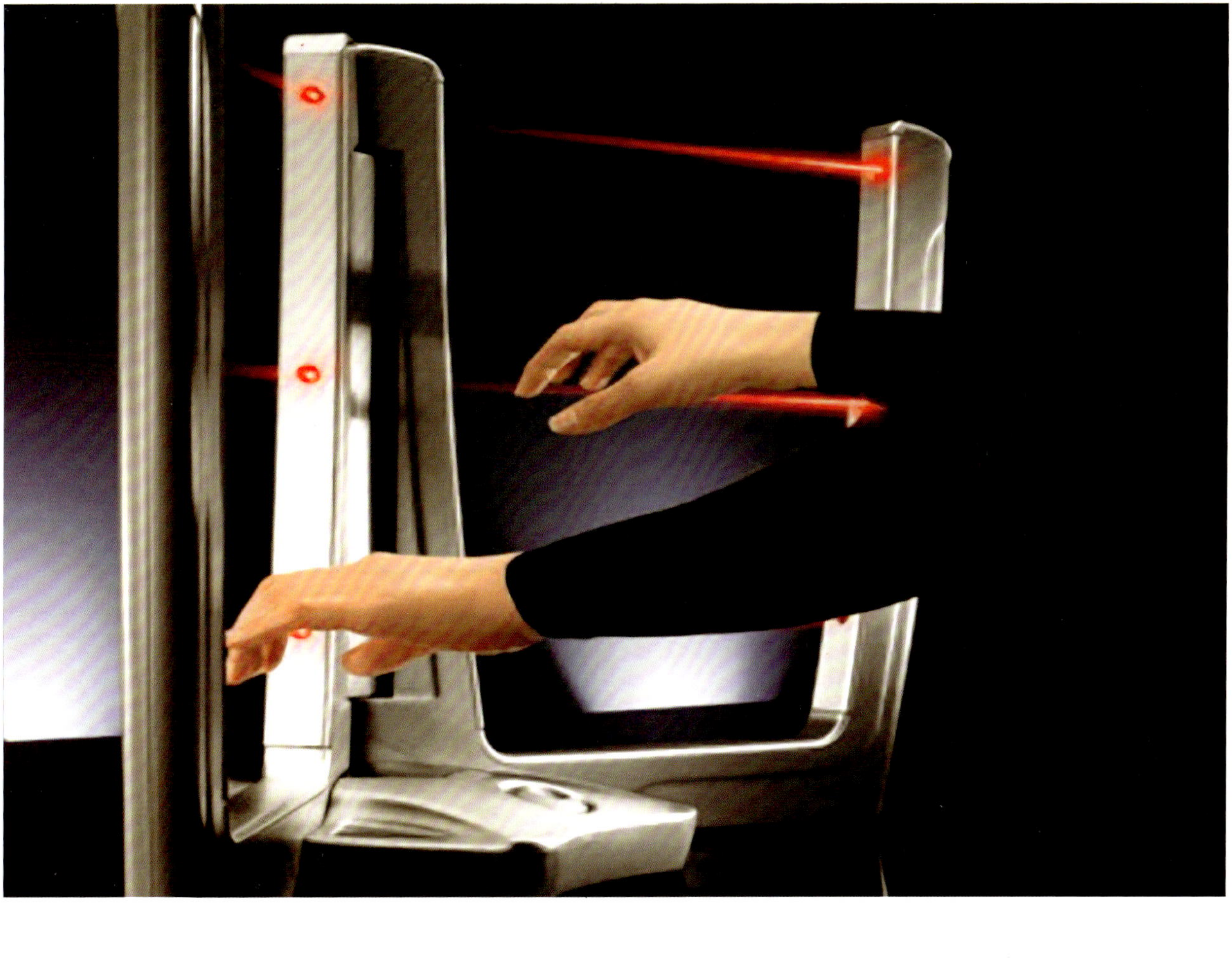

142

小女生键盘

www.keyboardforblondes.com

我们生活中都会出现一两个可爱娇小的小女生，这款键盘就是专门为她们设计的，她们可以再也不用和自己性格不符的普通键盘了。该款键盘设计得非常可爱：数字小键盘都是模仿多米诺骨牌设计的，退格键标注的是“Oops！”（啊哦！），退出键的标注是“NO！”(不要！）。现在这些小女生只需知道怎么把键盘安装上就好了。

G19游戏专用键盘

www.logitech.com

G19键盘是一款根据人体工程学设计的专用键盘，使玩家在游戏中达到最优化和最舒适的状态，12个主要游戏键（叫“宏命令”）和专利设计彩色游戏显示屏都可以根据玩家个人习惯进行定制。该键盘还配有延伸小键盘、耳机和激光鼠标。

好事达室内家居天文馆

www.japangadgetshop.com　　www.amazon.com

抬头仰望满天的繁星：猎户座、水星、大熊座等等，真是一种让人心旷神怡的享受啊！可惜寒冷的冬天就不能在室外进行这样的享受了。现在好了，好事达室内家居天文馆能够把满天繁星搬进你家，让你在自家客厅就能享受宇宙带来的无尽快乐。还有一款是由特殊材质制成的，可以放进你的浴缸里哦！

月亮型壁灯

这款新奇的壁挂式台灯可以展现出月亮的圆缺周期。台灯配有遥控器，方便手动调节，也可以靠灯本身自动感应。当感应到屋子里变黑的时候，它会自动打开，半小时之后又会自动熄灭，非常适合天文爱好者或者晚上睡觉时怕黑的小朋友。

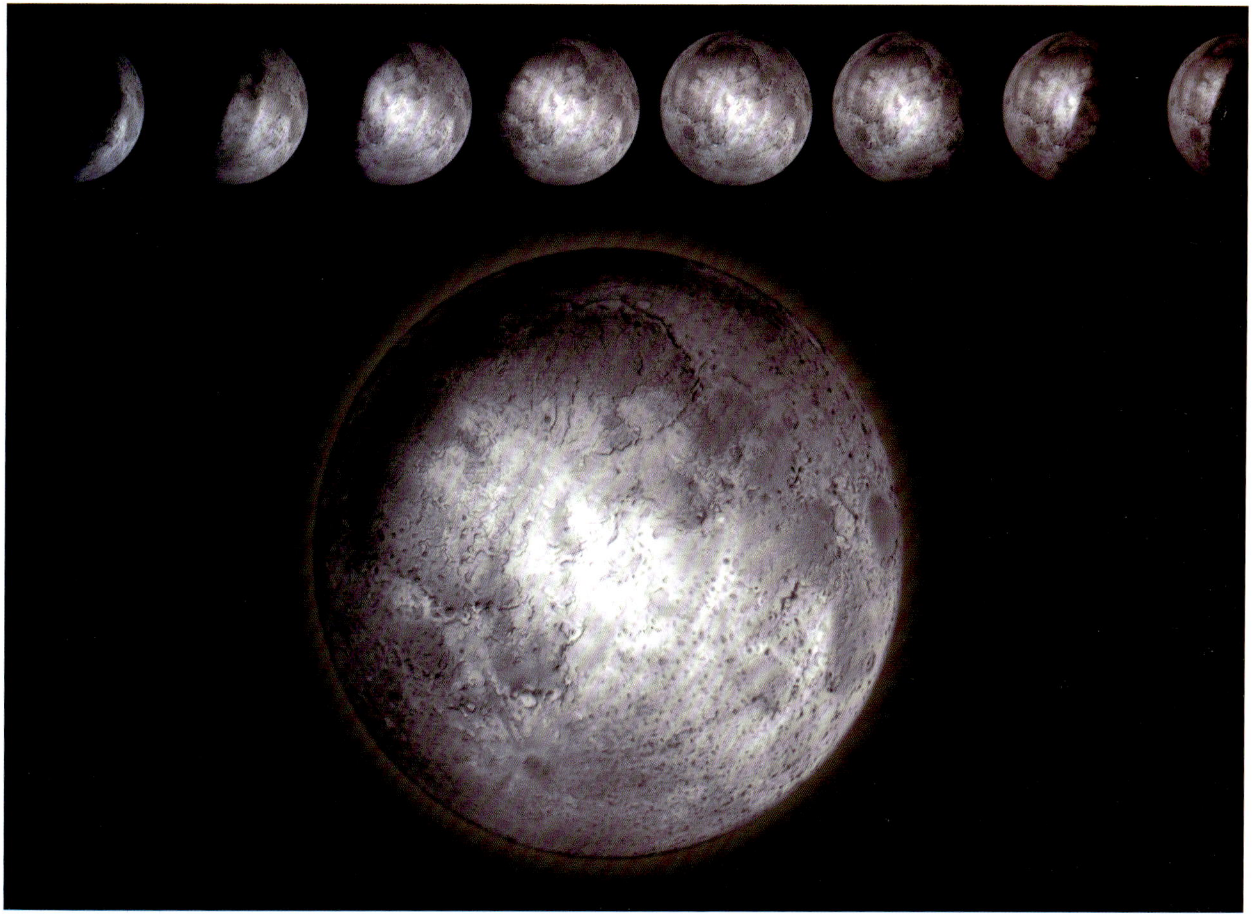

USB 格式转换机

www.usbturntables.net　www.firebox.com

可怜的黑胶唱片在MP3格式问世之后都纷纷下岗了。至少要把你喜欢的黑胶唱片上的歌曲转换成电子格式之后，再把它们淘汰到二手商店去。这款USB格式转换机就可以帮助你完成这项工作。它还有ipod 版本，这意味着还可以直接把音乐导入到ipod里面。

初级DJ装备

www.ionaudio.com　www.firebox.com

像大卫·库塔那样的顶级DJ让我们觉得DJ是世界上最棒也是最简单的工作，但其实混音、转盘比你想象的要难很多。这款初级DJ装备是所有怀有DJ梦想的人最好的练手工具。软件和DJ工作台包括了在派对、举办活动甚至夜店工作时DJ所需要的一切东西。

带电筒的拖鞋

www.brightfeetslippers.co.uk www.comforthouse.com

这款拖鞋让你在黑暗的屋子里走动时再也没有后顾之忧，脚踢到咖啡桌或者被电话线绊倒这种事情通通都不会再发生。拖鞋上的小电筒照亮眼前的路，让你看得清清楚楚。不同鞋码有多种颜色可供选择，有蓝色、米黄色、黑色等。

沃特森碳排放监控仪

在全球都在提倡节能减排的当下，沃特森碳排放监控仪可以对周围碳的排放量作记录——家里、学校里和办公室里总共用了多少电能。越是碳排放量低，仪器就会越变越蓝；如果碳排放量超出标准的话，监控仪就会变得很生气，颜色也会变红，同时也会给出详细的碳排放量消耗表。

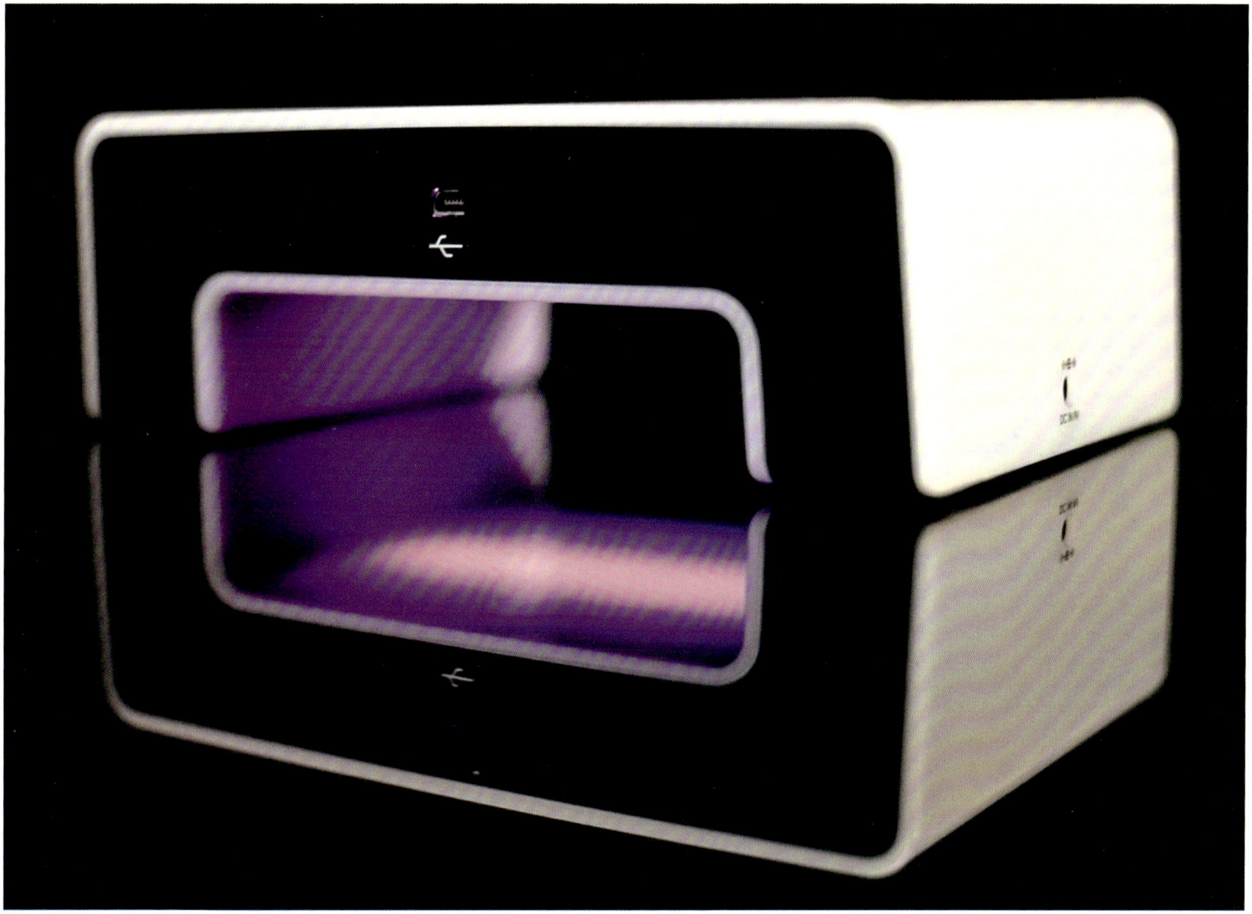

失物探测器

www.loc8tor.com

这款失物探测器就像寻宝探测仪一样，可以搜寻到在180米以内丢失的贵重物品。你只需在容易丢失的物品上挂一张发射信号的标签，然后这款探测器就能很轻松地帮你找到它。如果不小心把这个失物探测器丢了的话，那很遗憾，赶紧去找吧。

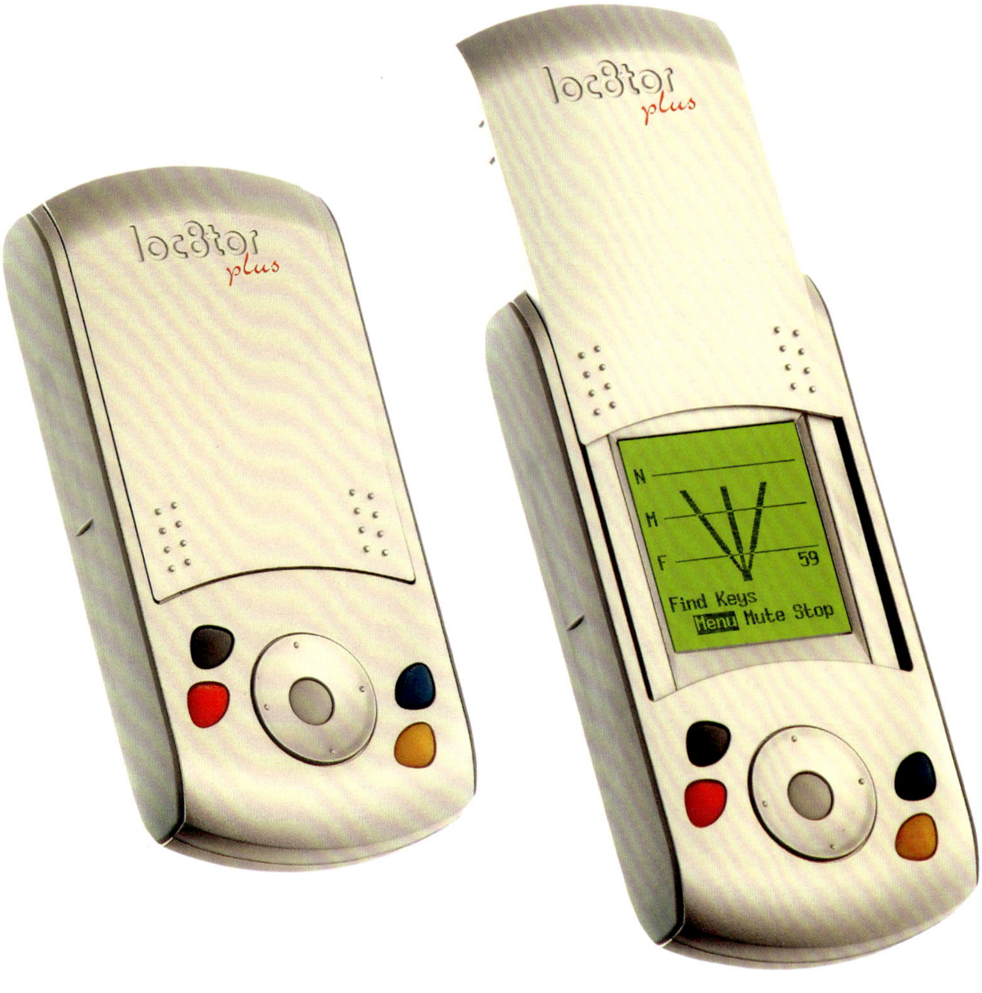

宝宝哭因分析机

www.thinkgeek.com　www.amazon.com

初为人父人母肯定遇到过不知道宝宝为什么痛哭不停、怎么安慰都无济于事的情景。这款宝宝哭因分析机采用先进的频率分析技术，在20秒之内就能把原因显示到机器屏幕上。机器很轻便小巧，能帮助父母们更好地了解宝宝，促进宝宝健康成长。

汽车后视镜摄像机

www.brickhousesecurity.com

开车遇到交通意外，人通常会不知所措，很难清晰地记得事故的经过和判断谁应该负主责。这款汽车后视镜摄像机共有5只摄像头，可以清晰、不遗漏地记录下每一次事故，小到轻微的剐蹭追尾。

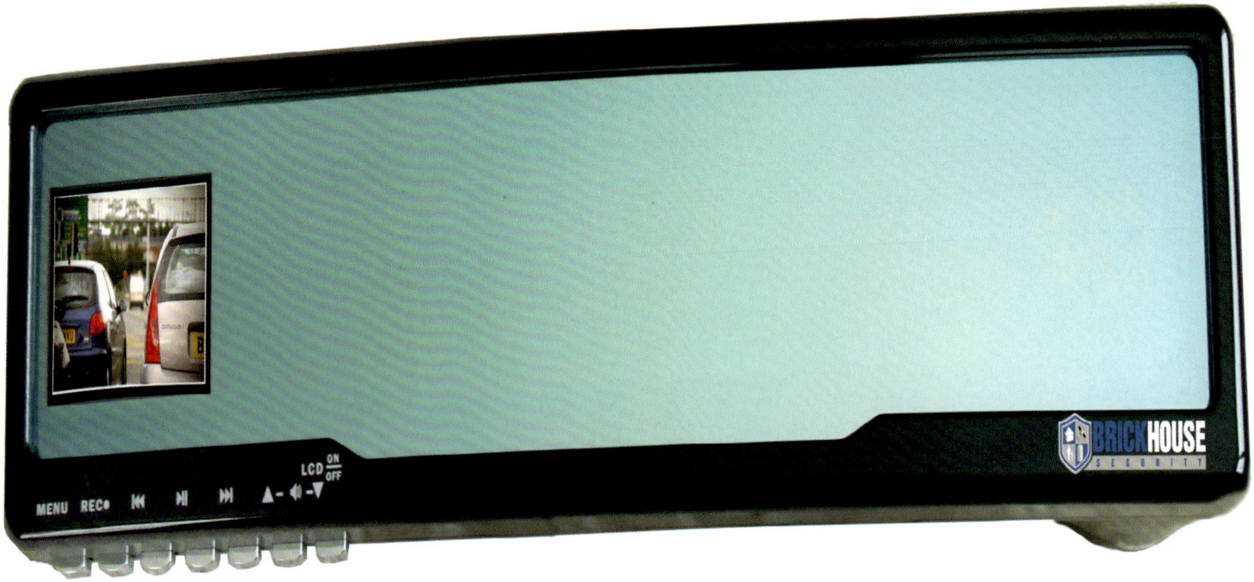

罗威机器人家庭哨兵

www.hammacher.com　www.wowwee.com

这款看上去其貌不扬的机器比你任何一条看家狗都聪明、灵敏。如果家里进了坏人，它可以第一时间感应到；通过远程网络控制，可以360° 旋转拍摄，并将拍摄到的高清图片和视频发送到你的邮箱。

家居用品

7

变脸脚踏垫

 www.uncommongoods.com www.suck.uk.com

这款由天然纤维制成的脚踏垫会变脸，一种情况是热烈欢迎，另一种情况则冷淡表示不欢迎。其实这是脚踏垫上的字体和人们开的一个小玩笑。从前后两个角度看就会是两句不同的话。这么特别的脚踏垫肯定会引来许多谈资。

情侣钥匙架

www.uncommongoods.com　www.j-me.co.uk

你家里是谁老是忘记钥匙放哪儿了而在家里翻天覆地地找？这款情侣钥匙架就是为老忘记钥匙放在哪儿的人设计的。杰米和马克·安通尼德兄弟俩当初设计这款钥匙架的理念非常简单而不失优雅，只要把钥匙插进自己性别的钥匙架就行了。送新婚夫妇特别合适。

飞镖挂衣架

www.perpetualkid.com　www.urbanjunkie.co.uk

飞镖不再是飞镖，摇身一变成了挂衣服的架子。这款不锈钢质地的飞镖挂衣架由设计师安东尼·科里斯普设计，可以用来挂外套、书包和其他各种配饰。产品还附有辅助飞镖插入墙面的工具，非常方便。下次你再到酒吧的时候，别走到飞镖标靶那里直接把衣服挂上去就可以了。

甜咸公司设计的可旋转玩具

www.etsy.com

美女画像、星球大战的角色、僵尸海盗大战忍者，这些挂在婴儿床头的可旋转玩具是不是也很符合你的心意？每件玩具都经过手工雕刻，黑色的形状好像影子闪烁又好像远方的云彩。

眼睛形状的钟表

www.hayneedle.com　www.vita-interiors.com

最初由乔治·尼尔森于1957年设计，又由维特拉设计博物馆原物重现，这只看上去有些夸张的挂钟在人眼的形状上进行几何图形加工，横着竖着挂都不会觉得失去味道，曾在美剧《广告狂人》场景里出现，非常亮丽，夺人眼球。

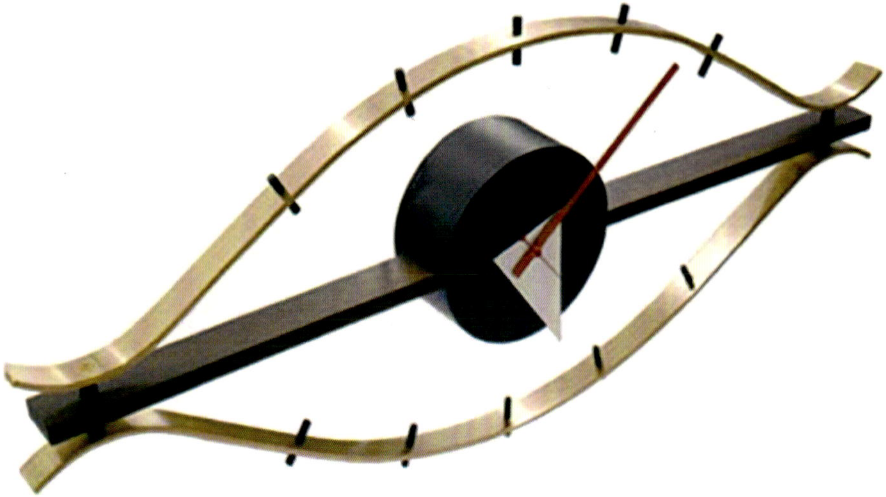

记忆重现闹钟

www.urbantrendhk.com　www.geschenkidee.ch

早上起床真不是一件容易的事，有时就算身体起来了，大脑还在沉睡的模式里。这款记忆重现闹钟的创意取自20世纪70年代的一款记忆游戏，为了让大脑快速清醒而设计。为了让闹钟声音停下来，你必须做到原样重复一遍设置闹钟时按下的颜色按钮顺序才行，并且不允许强行卸下电池。

水母LED鱼缸灯

www.thinkgeek.com　www.amazon.co.uk

看着鱼缸里的水母游来游去能使人精神得到放松，但是那么大的浴缸价格高又难清洁，尤其是对常加班很少在家的人来说。这款LED鱼缸灯里养的是三只由硅树脂做成的水母，经过可变灯光的照射显得栩栩如生，既可以让你享受海洋生物带来的乐趣，又不用费力去清洁，一举两得。

泰迪熊台灯

可怜的小泰迪熊，被折磨得像个小怪物，没有了可爱的小脑袋，取而代之的是灯泡和台灯罩。但看上去还不错，小泰迪像是黑暗中的光明使者，依然很可爱。

幻灯片灯具

www.gnr8.biz　www.suck.uk.com

很多家人和朋友的照片都在抽屉里等着落土？这款幻灯片式的壁灯给它们一个重见天日的机会。壁灯根据标准的幻灯片放映模式，用白色陶瓷制作而成，垂直或水平挂在墙上都非常美观。

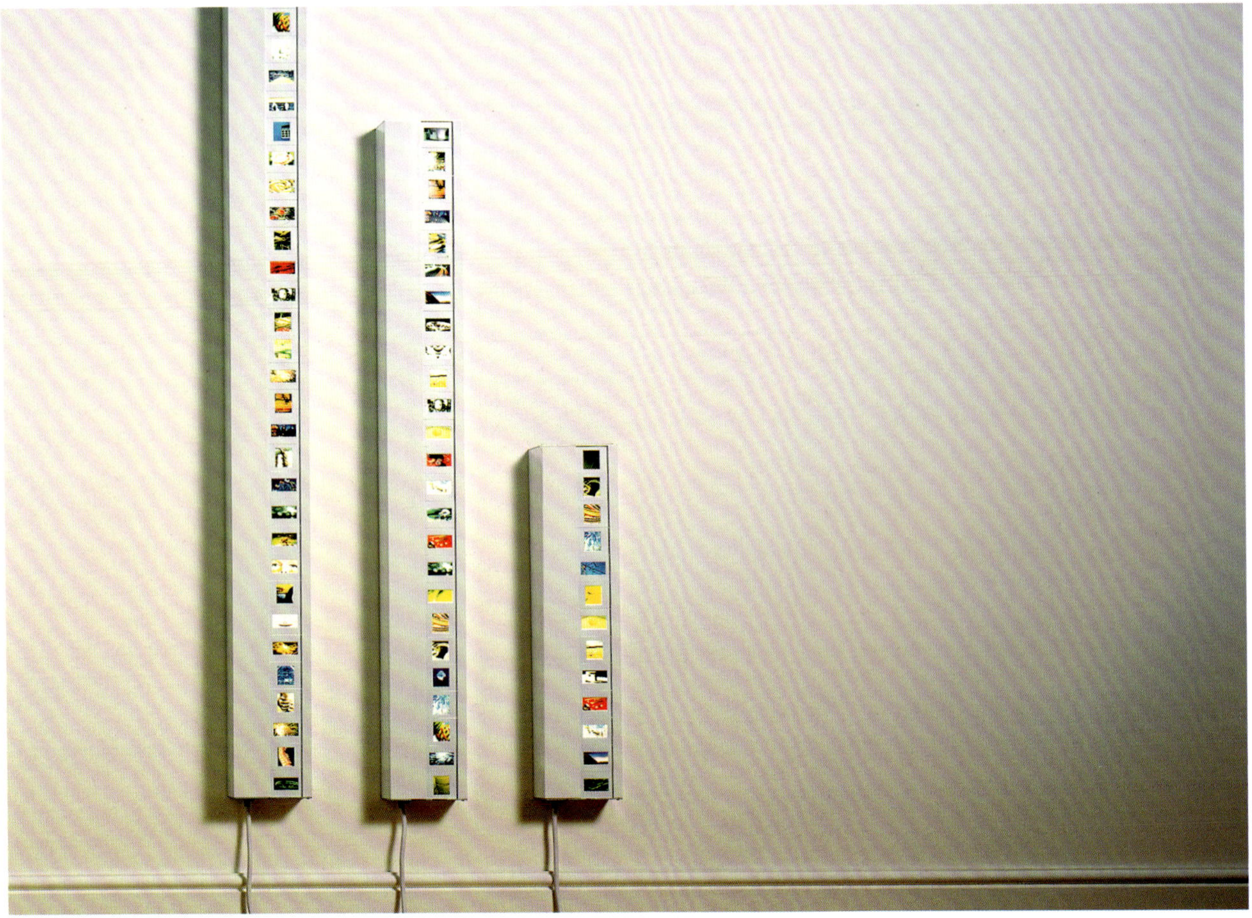

充气型镀金相框

www.brooklyn5and10.com www.curiosite.com

你不是梵高，画不出他那种向日葵，但你有机会通过别的方法成为他那样的艺术家，秘诀就是相框。为你画的画装上这款充气型镀金相框，画的品质立即得到提升，体现出一种从未有过的现代摩登感（尽管相框本身是复古的设计）和画者对于主题所要表达的诚意和情感。

隐形书架

www.amazon.com　　www.amazon.co.uk

这款书架造成了一种书悬空漂着的假象，打破了传统书架的套路，（乍一看，也会觉得打破了地心引力）。书架被固定在墙上，把书架低端隐藏于书内并在上面摞一叠书就可以达到书都漂着的效果了。除了能让宾客们目瞪口呆之外，单说书架设计的美感也绝对令人称赞。

杰姆斯书挡

www.lumens.com　www.black-blum.com

“噢，杰姆斯，把我紧紧抱在你的怀里！”一声喊叫从一本机场小说里传出。杰姆斯其实是一款美观又实用的书挡，非常稳固，并且容易和室内色调搭配，因为杰姆斯有很多种颜色：红、橙、黑、灰等。

摇椅马

www.roijje.com

荷兰设计师弗莱德瑞克·瑞杰绝对在此款设计中成功实现了他颠覆传统家具的目标，因为在这些马中，完全看不到传统家具的影子。由耐用的木材制成，总共有3种尺寸，最大的马有2.5米长，足够一个成年人坐到上面了。

银鱼水族馆

www.ballertoys.com　www.octopusstudios.com

看着鱼儿们在这个由6个球体连接而成的水族馆里畅快地游来游去真是让人感到欣慰。不仅鱼儿们因为空间大而变得特别活泼，如此特别的水族馆摆在家里也会是一道别致的风景线。

蛇形LED亮灯座椅

www.voltexdesign.com

这款特别的蛇形亮灯座椅颠覆了之前所有方方正正座椅的传统，创造出了一种新型美感。单件座椅长123厘米、宽43厘米，几件拼在一起显得气势宏大，绵延不绝。摆放好后，关掉其他的灯，让它成为家里唯一的焦点吧。

键盘按键座椅

www.alexgarnett.com

遇到朋友聚会或者亲戚去世这种有很多人的场合，椅子总是不够用，有时沙袋似的座椅也会被拿来充数。这款键盘座椅不是更好看、更舒适、更具现代感吗？从“暂停”、“退出”、“主页”等按键里挑选你最喜欢的吧，或者都买回家摆好，装作你是小人国的公民也很好玩哦！

马科斯充气休闲椅

www.gadgets.co.uk　　www.flashwear.com

打开、充气、躺下，马科斯充气型躺椅就是这么简单易操作。躺椅上配有两个音箱，让你随时享受音乐。它还配有一个紧急漏气修理箱，以防万一……

波浪形吊床

www.wave.st　www.encompassco.com

不靠任何外力支撑，这款由光亮不锈钢制成的吊床看上去好像悬浮于空中，床身可进行360° 旋转，还能阻挡90％的紫外线。两个人舒服地躺在床上，感觉犹如置身于海滩，听着海水拍打着礁石的声音，多么美好！

寿司靠垫

www.thinkgeek.com　　www.curiosite.com

这是把生鱼片放到靠垫上了？ 不不，误会了。这是做成了寿司形状的靠垫，本质上是靠垫。有大马哈鱼、虾、日本青豆等多种形状可供选择，非常舒服，特别适合放在沙发上使用。温馨提示：看到它们会让人很容易产生饥饿感。

太空入侵者墙面贴画

www.thinkgeek.com www.bouf.com

还记得最早的电子游戏吗？那些太空入侵者在屏幕上叫嚣着跳来跳去。这些巨型贴画肯定会让你昨日重现。每个套装里包含4种颜色的13款外星人图案，适用于任何光滑的平面——墙上、地上、甚至椅子上都没有问题。

血渍手印浴帘

www.perpetualkid.com　www.paramountzone.com

这款血渍手印浴帘是向上世纪60年代希区柯克的电影致敬，重现贝兹汽车旅馆套房那紧张刺激的一幕。当然实际上并没有血渍，也没那么恐怖。我们希望这款浴帘和你室内陈设都不搭配是最好了。

油漆未干挂衣架

你第一次看到这个挂衣架时肯定想伸手摸摸这到底是不是没有干的油漆。潜意识里不相信但还是抑制不住地想摸一下，对不对？经过金属打磨，它可以承受多件大衣的重量。共有7种颜色2种尺寸可供挑选。

178

LED淋浴温度提示灯

家居用品　www.amazon.com　www.iwantoneofthose.com

都21世纪了，还把手伸到喷头下去试水温吗？那也太原始了。试试这款LED淋浴温度提示灯吧。红色代表热，蓝色代表凉，洗澡过程中灯的颜色随温度不同而产生变化，既实用又好玩。

卫生间扶手指示灯

www.brighthandle.com　www.ccbrass.com

卫生间应该是个让人放松、缓解压力的地方，所以你绝对不应该浪费精力在担心门是不是已经锁好了这种问题上。这款LED门把手指示灯就彻底消除了这一担心：如果显示红色就代表有人，绿色就代表没有。可用电线和电池两种方法供电。

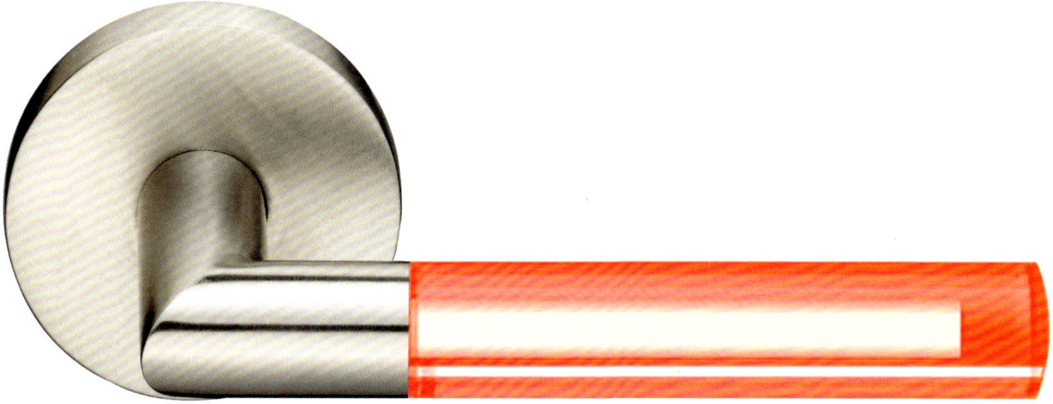

夜光卫生纸

www.iwantoneofthose.com　www.glow.co.uk

没有人想要在黑暗中笨拙地摸索寻找卫生纸，但有时候就那么巧，正好赶上了。在卫生间备上一些夜光卫生纸吧。除了在夜里能发光以外，它们还让小孩子的如厕训练更加有意思哦！

拉纳马桶夜灯具

www.arkon.com www.gadgets.co.uk

女性朋友们都知道，男人上厕所的时候瞄准性很差，尤其是在马桶圈放下的时候。男人们又都抱怨说，瞄准真是没有那么简单。拉纳马桶夜灯具有运动感应效果，马桶圈落下的时候绿色灯变亮，马桶圈抬起的时候红色灯变亮。马桶内也会亮起灯，让男性朋友们瞄得更准。

宠物鱼图案垃圾袋

www.shinyshack.com　www.suck.uk.com

这些可爱的宠物鱼图案垃圾袋给无聊的“垃圾日”增添了一份乐趣。每包含有12只垃圾袋，每只袋子可容纳100升的垃圾，完全可自然降解，不含任何有毒物质。邻居家的猫很有可能拜访一下你家的这些垃圾袋，用爪子挠挠上面的鱼，你看到了别太惊讶就好。

星球大战R2-D2垃圾桶

www.forbiddenplanet.co.uk

为什么之前没有人这么想呢？R2-D2作为机器人一点都不灵活，一遇到台阶和路牙就死定了。所以把它改成脚踏启动式垃圾桶最合适不过了。产品高60厘米，忠于原角色的设计让它成了少有的限量版垃圾桶。

图片提供

10：弗莱德和朋友们；11：图特；12：弗莱德和朋友们；13：威戈SA；14：亚历克斯·加内特；15：弗莱德和朋友们；16：火线魔盒网；17:摩登扭转；18:LC 普里姆斯有限公司；19：伊奥莫；20：火线魔盒网；21：我要买有限责任公司；22：极客思维股份有限公司；23：弗莱德和朋友们；24：火线魔盒网；25：戴维-路易斯·亨得利；26：艾德波；27：相忆；28：拉波众；29：太登伯格；30：爱娃单骑；31：英国塞克；32：我要买有限责任公司；33：利兹 古利特·杜步瓦；34：火线魔盒网；35：城市态势有限责任公司；38：极客思维股份有限公司；39：啤酒香皂公司；40：迪克斯；41：数码肥皂；42：英格里城市有限责任公司；43：橙色星球；44：火线魔盒网；45：时间气味；46：宝贝艺术公司；47：服饰艺术；48：卡内索控股公司；49：临床健康股份有限公司；50：提奥有限公司；51：布布鲁克斯东股份有限公司；52:火线魔盒网；53：科斯肯；54：安提皮克；55：印度爱经公司；58：极客思维股份有限公司；59：极客思维股份有限公司；60：录米格莱姆有限责任公司；61：黑夜传说；62：罗迪尔/美国阿塔库斯股份有限公司；63：宾娜制造；64：苏瑞丽法权；65：查理斯和玛丽；66：皮套公司；67:奥德发展股份公司；68：英国塞克；69：设计师罗德里戈·阿隆索·施拉姆；70：比利时雨伞；71：森美特公司；72：极客思维股份有限公司；73：极客思维股份有限公司；74：塔特奥西恩股份有限公司；75：让迪斯设计；76：奥美·宋和乔翰·奥林；77：凯利福希斯-吉布森；78：柏服饰网；79：道格乐有限责任公司；82：英自然产品有限责任公司；83：卡波斯通讯有限公司；84：艾妮服饰公司；85：朱莉武装；86:优博有限责任公司；87：大惟休闲公司；88：直走象棋；89：万事屋公司；90：伊莱科电器；91：美国乐迪卡；92：E点小玩意儿公司；93：趣轨有限责任公司；94：柔勒英国公司；95：凤凰飞设计；96：猴子莱趣克；97：英国创新GP有限公司；98：乐家游戏；99：魔力；100：SBI企业；101：弗

瑞线运动有限公司；102：极客思维股份有限公司；103：英国塞克；104：西参迪公司；105：R2解决办法；108:英国塞克；109：弗莱德和朋友们；110：英国塞克；111：英国塞克；112：纽特采亚有限公司；113：极客思维股份有限公司；114：囊括科技有限公司；115：制造商媒体，欧瑞丽媒体有限公司；116：迷莫科有限责任公司；117：我要买有限责任公司；118：布兰多工作坊；119：送我礼物；120:安提皮克；121：我要买有限责任公司；122：细节产品和创意；123：英国塞克；124：奇物网；125：火线魔盒网；126：城市绘图公司；127：点缀；130：闪星娱乐公司；131：促销展示科技公司；132：火线魔盒网；133：火线魔盒网；134：我要买有限责任公司；135:博览公司；136：D.R；137：索尼公司；138：D.R；139：弗莱德和朋友们；140：奇特索引企业；141：广播交互有限公司；142：金发键盘网；143：罗技科技；144：世嘉玩具；145：我要买有限责任公司；146：火线魔盒网；147：火线魔盒网；148：波士顿创意；149：托比夏日技能；150：洛克有限公司；151：极客思维股份有限公司；152：固砖家庭防盗网；153：汉姆施兰姆公司；156：英国塞克；157：杰米；158:英国塞克；159：咸和甜；160：乔治·尼尔森威达；161：奇森亨刻得有限公司；162：极客思维股份有限公司；163：英国塞克；164：英国塞克；165:奇物网；166：本影有限公司；167：尤里卡有限公司；168：荷兰设计师福德瑞克；169：章鱼工作室；170：美国沃尔特斯；171:亚历克斯·加内特；172：麦克斯休闲；173：皇室家居埃里克·尼伯格和古斯塔夫司杜木；174：奇物网；175：奇物网；176：帕拉蒙特网；177:皮乐坡；178：我要买有限责任公司；179：信测科技有限公司；180：我要买有限责任公司；181：我要买有限责任公司；182：英国塞克；183：禁星球国际。

作者简介

吕塔尔·阿列斯不仅仅是一位记者，她凭着强大的好奇心涉足多个领域，包括媒体、广播、电视等。在从事多项与文化社会相关的电视节目编辑工作之前，她曾是一名报道社会当下动态的记者，她报道的内容大多有趣、新鲜。

安妮·克罗克是一位记者、专栏作家，并有多部著作，包括休闲小说等。她是地铁报纸《20分钟》的专栏作家，还在贝昂德、查理赫伯等出版社发表作品，同时她也为成年人和儿童经营着好几家出版社。她的文章富有幽默感和荒诞性，对人物和文字都有很好的把握。